引领
互联网创业
新思维

LEADING
THE NEW THINKING
OF THE INTERNET BUSINESS

谢玉云◎编著

中国商业出版社

图书在版编目（CIP）数据

引领互联网创业新思维 / 谢玉云编著. -- 北京 ：
中国商业出版社，2016.9
ISBN 978-7-5044-9574-7

Ⅰ. ①引… Ⅱ. ①谢… Ⅲ. ①电子商务－商业企业管
理－经验－中国 Ⅳ. ①F724.6

中国版本图书馆CIP数据核字（2016）第220319号

责任编辑：陈鹰翔

中国商业出版社出版发行
010-83128286　　www. c_cbook. com
（100053　北京广安门内报国寺1号）
新华书店总店北京发行所经销
永清县晔盛亚胶印有限公司
*
720×1000毫米　16开　16印张　175千字
2016年10月第1版　2016年10月第1次印刷
定价：36.80元
* * * *
（本书若有印装质量问题，请与发行部联系调换）

前言

互联网+时代如何创业

在“互联网+”风潮下，如何在多次创业失败后再创业，如何做减法，找准创业方向，是当下不少创业者正在探索的课题。

创业之路上，哪个人没有栽过跟头呢？就连雷军、周鸿祎、刘强东……这些互联网大佬也都经历过血的教训，不过他们并没有因为一次的跌倒就一蹶不振，而是从失败中总结吸取了不少创业的经验和教训，并重新振作起来。

狄更斯在其名著《双城记》的开头一段这样写道：“这是一个最好的时代，也是一个最坏的时代；这是明智的时代，这是愚昧的时代；这是信任的纪元，这是怀疑的纪元；这是光明的季节，这是黑暗的季节；这是希望的春日，这是失望的冬日；我们面前应有尽有，我们面前一无所有；我们都将直上天堂，我们都将直下地狱。”对于现实生活中的我们，何尝不在经历着这一切——一件影响到所有人的事正发生着。

2014年，国务院总理李克强在《政府工作报告》中首次提出“互联网金融”的概念；在2015年《政府工作报告》中又推出“互联网+”的概念，要求制订“互联网+”行动计划。李克强总理不但对互联网金融的发展大为赞赏，而且肯定“互联网金融异军突起”。那么，究竟什么是“互联网+”？什么是“+”？“+”什么、为什么“+”、怎么“+”？它与创新驱动发展，大众创业、万众创新，乃至“中国制造2025”有何关联？“互联网+”行动计划应该怎样破题？会带来怎样持续的影响？面对这些问题，我只能得出一个答案：一场全球性的革命正在改变着商业，同时商业也正在改变着世界。两种力量正在以令人无法预料的速度汇聚起来，形成一股强大的商业革命浪潮，汹涌澎湃，势不可挡。

这场商业革命是一场跨界、融合、打劫的革命，它已经打破了传统意义的商业模式，改写了数十年甚至上百年来商业思想家和实践家们制订的商业规划，推翻了人们头脑中长期以来固定不变、陈旧落后的商业观念，侵入了社会生活的各个领域；国民经济、商业交易、管理模式、企业经营乃至个人的生活都受到了冲击；公司的结构，公司之间的关系、领导的概念、工作的本质、成功的定义等都在发生着转变。结果将是天翻地覆的，其影响如同工业革命一样深远。

我们知道，1969年，互联网首次出现，到1995年得以全球普及，成为真正意义上的互联网。如今，互联网越发显示出其灵活迅捷的接入特性，以其开放、自由、连接、协同、共享的特征开辟了一个崭新的时代。以互联网为运营基础的网络商务是这场商业革命的先行者。20世纪90年代中期，世界进入科技革命和资本市场革命、商业模式创新的时代，以信息技术为代表的新一轮技术革命，导致了一大批新兴技术产业和企业的出现，形成了新经济的“非理性繁荣”。虽然于2000年遭遇互联网泡沫危机，但网络商务的发展基础已经奠定，全球性的网络商务框架已经构建。

进入21世纪，网络商务呈现全面复苏、蓬勃发展、广泛应用的发展态势，步入成熟理性、良性循环的发展阶段。网络商务开拓了市场、带来了巨大的商机，也对社会的产业结构、消费结构，对企业的经营方式、领导方式、管理方式提出了挑战，使我们生活和工作的这个时代有着无可比拟的机遇以及前所未有的不确定性。未来存在着无限的可能性，这种无限的可能性也带来了同样的希望和担忧。

在15年前，人们认为互联网存在泡沫，但事实证明其并没有被高估；5年以前，人们又都认为电子商务被夸大，但如今看来这也是错误的结论。新事物的发展需要泡沫，这样才能吸引更多的资金和人才，沉淀下来的才是真正宝贵的东西。

互联网高速发展，思维方式和行事方法都在不断地升级变化，昨天还将适用的所谓规律和模式，或许在下一刻就无法再被实现，处在夹心层的创业者，要么选择放空自己，以开放的心态去面对新的风口，而选择放弃曾经的思想包袱，要么选择对宏观发展大势进行精准的判断，将目光放到下下个风口，沉下心来慢慢积累和等待风口的到来，因为风不会来得很迟。

创业是追求人生价值最大化的一种选择。但创业之路上确实有很多挑战和误区，需要创业者一一辨别，并以勇气和智慧来化解。

这本书的价值就在于，它提供了一幅地图，将创业中的常见问题和解决策略标注其中，包括创业项目的选择、资金的筹措，一直到产品的销售、商业模式的形成等等。

所以本书就理论结合案例分析了在互联网时代如何创业，并通过一些成功人士和失败人士的分析，从他们身上学到一些成功经验，并能真正地体会到，或许正是这些人曾经经过的历练，才使得这些互联网大佬有如今的成就，而这些经验对于现在的创业者而言也更加的弥足珍贵。

目录

第一章　互联网创业的风口

在互联网时代，“创业”当然不是一个新鲜名词，但我们所经历的却是一个崭新的创业时代，这个时代明显区别于20世纪的八九十年代。因为这个时代是属于年轻的，属于梦想的，属于坚定执著而又激情澎湃的。当然这个时代也是属于国家的，属于历史的，属于经济发展以及社会进步的。

第二章 互联网创业的沉浮

当一个人成为一个符号的时候，就会在这个符号代表的意义上走向顶端。留给许多创业者的机会，或许是重新回到对于互联网发展大势的预测，将眼光放得更加长远一些，避开所谓的当下热点，放眼更为长远的将来，俯身进行产业的下沉，服务的下沉，到“互联网+”第二轮风口的行业中去卧薪尝胆几年，待风起的时候，再随风飘扬，或许才是正路，继续沉迷所谓互联网思维，盲信互联网技术改变一切未必就能够取得前人所取得的成功，因为天时随时在变，此时非彼时。

第三章 互联网时代的创业心态

在互联网时代，创业是一个艰险的过程，任何人在走上创业之路前都应该有充分的思想准备，创业之路其漫漫也，有正确的心态将会起到很重要的作用！创业者在投身创来之前，应该先确定自己为何而创业，接着就要设定目标，针对不同的创业需求拟定短期、中期、长期的目标。当老板不同于当雇员，老板必须对销售、税务、广告、管理方面都能有所掌握与了解，自己创业肯定会比受雇于人更辛苦。健康的心态也将是推动成功创业的一个重要因素。特别是当创业面对失败时，创业者也要有良好的心态。

第四章　互联网时代的商业竞争

多数的创业者都有一些相似通病，往往简单化的理解和认知创业，缺乏对于创业项目持久持续性的充分认知，往往急于求成，或者浮躁情绪相对较重，也往往只看到冰山的水上部分，却无法发现隐藏在水面之下的部分。

第五章 互联网商业模式的新构想

在互联网时代，你或许发现曾经寻找一批技术人员，建立一个大的平台，进行商品销售，购买流量，就可以在瞬间实现平台品牌化，并最终形成垄断局面，实现商业价值的模式，如今，这种方法无法在“互联网+”时代，继续如法炮制，那些在泛家居行业沉浸较深的从业者或者从业企业，多年沉浸的经历，加之对互联网商业模式的理解，其开拓出来的全新商业模式的微创新产品和服务，要靠谱过那些只是空拥有互联网技术，或者思维的草根创业者的大平台项目。

第一章

互联网创业的风口

在互联网时代，“创业”当然不是一个新鲜名词，但我们所经历的却是一个崭新的创业时代，这个时代明显区别于20世纪的八九十年代。因为这个时代是属于年轻的，属于梦想的，属于坚定执著而又激情澎湃的。

当然这个时代也是属于国家的，属于历史的，属于经济发展以及社会进步的。

在互联网时代如何创业

在互联网时代，创业是一门社会科学，更是一门行动科学，需要超强的领悟力以及超强的执行力。

要想创业成功，创业者就必须有思想。当然，任何人的思想都不是与生俱来的。那么，思想从何而来？对于广大创业者而言，有一个路径可以获得，那就是学习。美国著名未来学家托夫勒强调："未来的文盲，不再是不识字的人，而是不懂得努力学习的人。"对此，业内一位专家在"全球经济一体化企业管理创新高峰论坛"上接受一家媒体的采访时说道："我现在几乎每个周末都要到清华大学去讲课。周末你到清华门口去看看，不少富人进进出出，他们都是利用周末来充电的。"这一现象值得那些正在创业，或者已经创业的人学习。因为，企业发展到一定的时期，管理层素质如不提高，便会卡住，领导者不加强学习容易使企业衰败。因此，商场如战场，企业经营者就如指挥千军万马之将帅，有思想的将帅往往会占据有利地形，最终取得战争的胜利。在中国历史上，就有这么一位，那就是春秋战国时期大谋略家范蠡，他非常深谙此道。他以战略家的眼光，认为陶地为天下之中，诸侯四通，是理想的货物贸易之地。遂选陶地为营销点，果然，19年间他三获千金，成为世贾，陶朱公的美称也由此而饮誉古今，留名青史。对此，俞敏洪在中央电视台《赢在中国》栏目评点时强调："思想是人的翅膀，带着人飞向想去的地方。"无独有偶，通用电气前CEO杰克·韦尔奇在接受《商业周刊》采访时给创业者忠告，他指出："我们每个人都拥有大脑，大脑是用来释放思想的，但我们常常陷入烦琐之中，往往忽视思想的力量。不要低估了思想的力量，有了目标就要动用思想去指导。因为思想能够产生一种神奇的力量，它能使一个人改变自己的命运。"

江西临川酒业有限公司老总杨灿龙只有初中学历。杨灿龙当过泥工、机修工、车间主任、副厂长、厂长。在企业20多年的摸爬滚打中，杨灿龙完成了知识积累，2000年成为中国人民大学MBA的毕业生。

只有不断学习、不断奋斗才能改变命运。杨灿龙不但使一个濒临倒闭的酒厂成为全国同行业经济效益第四、江西省第一，而且近三年悄悄多元化发展，一年创建一个公司。

成功企业家杨灿龙的创业经历告诉我们：天才在于勤奋，知识在于积累。只有不断学习、不断充电，才能不断破冰前行。对此，俞敏洪坦言，每个人都会有知识匮乏的时候，如今经济的脚步走得越来越快，不学习就会落后，失败就在所难免。创业路上，学习是非常重要的。在笔者《巨变时代的36个创业拐点》公开课上，一个学员说，他有10万资金想用来创业却不知道做什么。像他那样的朋友可以好好思考一下，天下掉馅饼的时代已经过去，要想创业首先应该从自己所擅长的领域开始，你问我10万可以做什么，我还想问你你会做什么呢。确实。缺乏行业知识、社会阅历缺乏是创业失败的另一个重要原因。在创业中要不断学习新知识并总结过去的得失。一条路可以创业，多条路才能发展。创业成功要有不断挖掘新路子的能力。在这里，我们来看看下面这个故事。

很久以前，人们对世界的了解非常有限，甚至连胡桃也不知道怎么吃。那时就有那么几棵胡桃树孤零零地长在路边，这几棵树可能是某位好心人为了给旅途中的人们提供树荫而种下的，也可能就是那么碰巧长在那儿了，如果你坚信生活中就是有这么多巧事的话。

有一天，一个旅行者路过此地。看到这么一棵大树，于是他停下来坐在树荫下歇歇脚。看到了树上长出来的青绿色果实，他忍不住摘下一颗尝了尝。刚咬一口他就被一股苦涩的味道恶心坏了，马上把胡桃吐了出来。这位旅行者离开之后，又有一个人路过这里，他也坐在树下休息，然后他发现了那颗被吐出来的胡桃，上面还有两排清晰的牙印。

“这种果子味道一定不怎么样”，他想，“但是世间一切事物存在必有理由，也许它的果仁是可以吃的。”然后他把这颗胡桃塞进嘴里狠狠地咬，直到崩掉了一颗牙他才放弃这个尝试。他也失望地离开了。

接着来了一个学者模样的人。他仔仔细细地研究了这种奇怪的果子，先尝了尝苦涩的果皮，然后试着用手剥坚硬的壳，最后他才想起来可以用石头把果壳砸开。他的聪明点子让他吃到了美味的胡桃仁。这位学者得意地笑着：“智慧和耐心可以排除万难！”过了一会，一个商人牵着头满载货物的驴走了过来，学者高兴地和他分享了胡桃的秘密。

商人尝了胡桃仁后非常兴奋，他把货物都卸下来全部换上胡桃，准备拉到集市上靠这种新奇果实狠赚一笔。他们继续上路了，作为对学者的伟大发现的奖励，商人让他骑着驴前行，自己则搓着手准备大把地数金币了。

天渐渐地黑了，周围没有城镇也没有村庄，只有一片茂密的森林，看来如何过夜很成问题了。突然商人看见了远处的一点微弱灯光。

“那儿！”他喊道，“我看到灯光了！”

“那么点朦胧的灯光怎么能帮得了咱们，”学者说，“这片森林又黑又大，而且很恐怖。”他们还在争论不休的时候，那点光越来越近，终于他们看见是一个人提着一盏油灯。这个人是一位隐居在湖边的哲学家，他把两人带到了他的小屋里。当他们进了屋，小小的油灯把恐怖的黑暗赶到了角落里。小屋里显得明亮而又安逸。

两个仍沉浸在喜悦中的旅行者马上和他分享了胡桃的秘密。“干得真漂亮！”哲学家不住地夸奖，“明天我就去多采集些这种美妙的果子，然后我要游历世界，把它的种子撒播在所有我经过的地方。”

“那谁还要买我准备卖掉的胡桃呢！”商人急了。

“别担心，”哲学家说，“如果有更多人尝过这种胡桃的话，你的生意在城里的市场会更好。”

“但是你这么辛苦有啥回报呢？”商人又问。

“你具体打算怎样去做这件事情呢？”学者也插了一句，“我的意思是你打算带上多少颗胡桃？你准备把它们种在哪儿？你要向哪个方向出发：东，西，南还是北？”

“说实话，我也不知道，”哲学家回答道，“但是我手中的灯光足以照到我们眼前的路，而现在的动力和愿望可以将我带到我那平凡理想的下一站。但如果我又遇见另一个手提油灯的人，我们就能看得更远了。”然后他们整晚都在闲聊，直到太阳升起照耀着这片黑森林。告别之后，他们各自踏上自己的幸福旅程。

创业是一个斗体力的活动，更是一个斗心力的活动。创业者所拥有的思想，将在很大程度上决定其创业成败。尤其是在目前产品日益同质化、市场有限、竞争激烈的情况下，创业者不但要能够守正，更要有能力出奇。

张三和李四两个青年一同开山，张三把石块儿砸成石子运到路边，卖给建房人。而李四则直接把石块运到码头，卖给杭州的花鸟商人。因为这儿的石头总是奇形怪状，李四认为卖重量不如卖造型。三年后，李四成为村里第一个盖起瓦房的人。

后来，不许开山，只许种树，于是这儿成了果园。每到秋天，漫山遍野的鸭梨招来八方商客。李四则把堆积如山的鸭梨成筐成筐地运往北京、上海，然后再发往韩国和日本。因为这儿的鸭梨汁浓、肉脆、香甜无比。就在村上的人为鸭梨带来的小康日子欢呼雀跃时，李四则卖掉果树，开始种柳。因为李四发现，来这儿的客商不愁挑不上好梨，只愁买不到盛梨的筐。五年后，李四成为第一个在城里买房的人。

再后来，一条铁路从这儿贯穿南北，这儿的人上车后，可以北到北京，南抵九龙。小村对外开放，果农也由单一的卖果品开始发展果品加工及市场开发。就在一些人开始集资办厂的时候，李四又在他的地头砌了一道三米高百米长的墙。这道墙面向铁路，背依翠柳，两旁是一望无际的万亩梨园。坐火车经过这里的人，在欣赏盛开的梨花时，会醒目地看到四个大字：可口可乐。据说这是五百里山川中唯一的一个广告，李四仅凭这面墙，每年又有40万元的额外收入。

20世纪90年代末，日本一著名公司的人士来华考察，当他坐火车经过这个小山村的时候，听到这个故事，马上被此人惊人的商业头脑所震惊，当即决定下车寻找李四。

当日本人找到李四时，李四正在自己的店门口与对门的店主吵架。原来，李四店里的西装标价800元一套，对门就把同样的西装标价750元；他标750元，对门就标700元。一个月下来，李四仅批发出8套，而对门的客户却越来越多，一下子发出了800套。那个日本人一看就明白了，因为对面那个店也是李四的。那个日本人让李四做他企业的CEO，年薪5000万元人民币，李四笑笑后，拒绝了日本商人的要求。

确实，有思想的创业者，创业成功的几率将大大增加，就像上述故事的那个李四，如果他没有商业头脑，那么仍然就是一个卖果子的小贩。著名经济学家吴敬琏在《何处寻找大智慧》一文中强调：对创业者来说，无所谓大智慧小智慧，能把事情做好，能赚到钱就是好智慧。

事实上，创业是一个复杂的历程，俞敏洪在中国青年创业论坛上强调，当思想与目标、毅力以及获取物质财富的炽烈欲望结合在一起时，思想更具有强有力的力量。谈到商业思想，梁伯强是最令人敬佩的一个。

梁伯强想做指甲钳，在国内却找不到过硬的技术，找来找去，他发现韩国人在这方面行，技术好。可是韩国人一向抠门，对自己的技术看得很严。公开向韩国人讨要技术肯定不行，出钱买人家也未必肯卖。为了从韩国人那里偷师学艺，梁伯强想了一个曲线救国的办法。第一步，他先想办法成为韩国人的代理商，为其在中国内地批发销售指甲钳。这样既建立了自己的指甲钳销售网络，又取得了韩国人的信任。第二步，在取得韩国人的信任后，梁伯强便开始找借口，说韩国人的货这不行，那不行，质量不过关，产品老崩口，天天找韩国人的麻烦，把自高自大的韩国人气得不行。最后为了证明自己的产品质量过关，韩国人竟在一怒之下，将产品生产材料和工艺流程都告诉了他。梁伯强一听大喜过望，于是自己创业，非常小器·圣雅伦于是呼啸出山，一亮相就获得满堂彩。

事实上，思想是创业成功的一个重要要件。偷艺的人并不是只有梁伯强一个，华人第一首富李嘉诚同样也是。李嘉诚当年未发迹时，为了获得塑料花的生产工艺，也曾到意大利演了这么一出。看来，财富强人有时在财富智慧上也是惊人的相似。商业思想时时贯穿了创业者的每一个创业行动中。俞敏洪多次告诫创业者，事实上，商业思想说白了就是一种思维方式，一种处理问题和解决问题的方法。当杰克·韦尔奇和通用的六西格玛席卷中国企业界，中国企业界人人奉韦尔奇为神灵，奉六个西格玛为圭臬时，一位创业家说了话。他说：在我的企业里，在我目前这种状况下，我只需要三个西格玛、四个西格玛就足够用了，如果一定要我在我的企业里推行六个西格玛，那么我的企业必死无疑。现在，这家伙的企业做得很不错。对于创业者来说，商业思想是不分等级的，它没有好坏、高明不高明的区别，只有好用不好用、适用不适用的问题。当年谢圣明带着一帮人，在农村的猪圈、厕所上大刷广告时，遭到了多少人的嘲笑。但是，如今在猪圈上刷广告的谢圣明已经成为了亿万富翁，而当年那些讪笑他的人呢，当年怎样贫穷，如今依然怎样贫穷。我们归结创业者的商业思想：不拘一格，出奇制胜。作为创业者，你的思维是否至今依然因循守旧呢？

雷军是小米创始人，现估值450亿美元。雷军在成功前，他曾创立三色公司，因无法盈利破产。

在大学时，雷军读了一本讲述盖茨、乔布斯早年创业传奇的书《硅谷之火》，对他有极大触动——“我深深地被乔布斯的故事所吸引。在武汉电子一条街打拼一段时间后，自我感觉良好，就开始做梦：梦想写一套软件运行在全世界的每台电脑上，梦想创办一家全世界最牛的软件公司。”

于是，他在大四和三位朋友创办了三色公司。可惜的是，这家公司运作仅半年就被迫解散了。对此，雷军有了三点反思：

第一点反思：要有明确的盈利模式。

在公司业务上，三色公司也没有固定的模式，看见什么赚钱就去做一笔，“最多的时候有十四个人，业务范畴也挺宽的，卖过电脑，做过仿制汉卡（电脑硬件的一种），甚至接过打字印刷的活。”所以，他们的资金一直很紧张。实在没钱的时候，甚至靠和食堂大师傅打麻将赢饭菜票度日。

第二点反思：要有前瞻的市场意识。

事实上，他们曾接近成功。当时，联想汉卡创造了盈利上亿的辉煌，于是雷军和他的伙伴们决定山寨这款产品。但在产品上市之后，他们遇到了更厉害的山寨大王，把他们的产品又“山寨”了。而且这家公司规模大、售价低，最后压垮了三色公司。

第三点反思：要有一定的团队管理能力。

公司创立时，“四个人，每人25%的股份，大家都很高兴。没过几天，问题来了，每件事都需要反复讨论，到后来，甚至改选了两次总经理。”而这样的管理架构，是不可能形成有效的决策的。

培养自己的创业素质

在互联网时代，创业是需要很多元素来组合的。当你沉醉在创业幻景中时，你会像每个想创办企业的人那样，相信了这样一个假设：如果你了解一个企业中的关键业务，你就能够经营做这项业务的企业。然而，这个假设是完全错误的，甚至是致命的。事实上，“做好一个企业的业务”和“经营好一个做这项业务的企业”是截然不同的两件事！但是许多创办企业的人却没有意识到这一点。于是，木匠、电工、水暖工成了承包商；理发师开了美发厅；医生开了诊所；音乐人开了音像店。他们中的大多数都相信自己能行。

我们知道，互联网、无缝连接、连接一切、跨界融合、协同创新，这些原来看起来不搭界的字眼，现在组合起来让每个人都可以生发出联想。

互联网实质是一种关系，“互联网+”的实质是关系及其智能连接方式。互联网去中心化，降低信息不对称，重新解构了过去的组织结构、社会结构与关系结构，关系及其连接方式相对更具有随机性，主要是连接意义上的人工智能在发挥作用；“互联网+”真正实现了分布式、零距离，关系的建构与连接融汇了人的智能，是“人工智能+人的智能+群体智能”的交汇。

互联网是通过计算机的连接，部分地实现了人的连接、人和信息的连接；“互联网+”融合云计算、大数据、物联网等，实现人与人、人与物、人与服务、人与场景、人与未来的连接。

连接未来，就要让连接随时随地随需自然发生；连接一切，没有人这个核心，没有信任这个要素，“一切”就是空谈。敬畏人性让未来临近，强化信任让未来流行。

而对互联网起到重要作用的大数据也正在运用其一切功能影响着我们的生活，使我们的生活也受到了极大的冲击和打击，使百年来缓和宽松的生活平衡打破了。人们疲于奔命于办公和家庭之间，要么拼命地工作，获取更多，但付出的代价也更大；要么减少工作量，但无法收获足够的数据，来提升生活、创造财富。

所以说，未来的商业发展趋势是全球整合，资源共享，竞争将在全球范围的大背景下展开。共享经济盛行将会让我们看到：未来企业应具备全球战略的视觉，将本地文化和全球战略相融合，在商业模式、产品、业务、人才、制度等方面创新，创造全新的行业，开创一个无人争夺的市场空间。

在这样的情况下，你必须要知道，一个创业者必须培养起属于他自身的创业素质，这些素质包括：

1.欲望

将“欲望”列在创业者必备素质的第一位，你可能多少感到意外。有一句话叫做“无欲则刚”，意思是说，一个人如果没有什么欲望的话，他就什么都不怕，什么都不必怕了。但要真正做到“无欲”是非常困难的事。

“欲”，实际就是一种生活目标，一种人生理想。创业者的欲望与普通人的欲望的不同之处在于，他们的欲望往往超出他们的现实，需要突破他们现在的立足点，打破眼前的樊笼，才能够实现。所以，创业者的欲望往往伴随着行动力和牺牲精神。这不是普通人能够做得到的。因为欲望，而不甘心，而创业，而行动，而成功，这是大多数白手起家的创业者走过的共同道路。

一个真正的创业者一定是有强烈的欲望者。他们想拥有财富，想出人头地，想获得社会地位，想得到别人的尊重。有人一谈起这些东西就觉得很庸俗，甚至一些成功者亦不愿提起这样的话题，特别是一涉及钱，便变得很敏感、很忌讳，其实大可不必。禁“欲”的时代早已结束，你完全可以轰轰烈烈、堂堂正正地去追求自己的所欲所愿。

2.敏感

创业者的敏感，是对外界变化的敏感，尤其是对商业机会的快速反应。一些人的商业敏感来自耳朵，一些人的商业敏感来自眼睛，还有一些人的商业敏感来自自己的两条腿。有些人的商业感觉是天生的，更多人的商业感觉则依靠后天培养。如果你有心做一个商人，就应该像训练猎犬一样训练自己的商业感觉。良好的商业感觉，是创业者成功的最好保证。

3.人脉

创业不是引“无源之水”，栽“无本之木”。每一个人创业，都必然有其凭依的条件，也就是有其拥有的资源。一个创业者的素质如何，看一看其建立和拓展资源的能力就可以了解。创业者资源，可分为外部资源和内部资源两种。内部资源主要是创业者个人的能力，其所占有的生产资料及知识技能，等等。创业者外部资源中，最重要的一点是人脉资源。一个创业者如果不能在最短时间之内建立最广泛的人际网络，即使其初期能够依靠领先技术或者自身素质，比如吃苦耐劳或精打细算，获得某种程度上的成功，他的创业过程也会非常艰难。创业者人际资源，按其重要性来看，第一是同学资源，第二是职业资源，第三是朋友资源。

4. 谋略

商场如战场，一个有勇无谋的人，早晚会成为别人的盘中餐。创业是一个斗体力的活动，更是一个斗心智的活动。创业者的智谋，将在很大程度上决定其创业成败。我们总结创业者智慧，那就是不拘一格，出奇制胜。作为创业者，你的思维是否至今依然因循守旧？

5.胆量

什么样的人最适合创业？答案是：赌徒。道理很简单，创业本身就是一项冒险活动。赌徒最有胆量，敢下注，想赢也敢输，所以，他们最适合创业。科学研究发现，赌徒的心理承受能力远远强过普通人，而创业正是非常需要强大的心理承受能力的一项活动。很多创业者在创业的道路上，都有过“惊险一跳”的经历。跳得好，可能功成名就，白日飞升；跳不好，就只好“凤凰涅磐”了。说白了，不过是一个合适的产品，加上一个天性敢赌的领导，加上一些合适的营销手段，才有了一桩成功的案例。创业需要胆量，需要冒险。冒险精神是创业家精神的一个重要组成部分，但创业毕竟不是赌博。创业家的冒险，迥异于冒进。

有这样一个故事：一个人问一个哲学家，什么叫冒险，什么叫冒进。哲学家说，比如有一个山洞，山洞里有一桶金子，你进去把金子拿了出来。假如那山洞是一个狼洞，你这就是冒险；假如那山洞是一个老虎洞，你这就是冒进。这个人表示懂了。哲学家又说，假如那山洞里的只是一捆劈柴，那么，即使那是一个狗洞，你也是冒进。这个故事有什么寓意？它说明了冒险是这样一种东西：你经过努力有可能得到，而且值得你得到。否则，就只是冒进，失去生命都不值得。创业者一定要分清冒险与冒进的关系，要分清什么是勇敢，什么是无知。无知的冒进只会使事情变得更糟，使你的行为变得毫无意义，并且惹人耻笑。

6.与他人分享的愿望

作为创业者，一定要懂得与他人分享。一个不懂得与他人分享的创业者，不可能将事业做大。美国心理学家马斯洛的需要层次理论说，人按不同层次共有5种需要，第一是生存需要，第二是安全需要，第三是社交需要，第四是尊重需要，第五是自我实现需要。这五种需要具体到企业环境里，具体到公司员工身上，就是需要老板与员工共同分享。当老板舍得付出，舍得与员工分享时，员工的生存需要、安全需要、尊重需要就从老板这里得到了满足。员工出于感激，同时也因为害怕失去眼前所获得的一切，就会产生“自我实现的需要”，通过自我实现，为老板做更多的事，赚更多的钱，做更大的贡献，回报老板。这样就构成了一个企业的正向循环、良性循环。这应该是马斯洛理论在企业层面的恰当解释。

7.忍耐

“艰难困苦，玉汝于成”这句成语能很贴切地说明创业的不易。不易在哪里呢？要忍受肉体上和精神上的折磨。肉体上的折磨还好办一些，挺一挺就过去了，但要忍耐精神上的折磨，却不是一件容易的事情。

对一般人来说，忍耐是一种美德，对创业者来说，忍耐是必须具备的品格。

8.眼界

广博的见识，开阔的眼界，可以很有效地拉近自己与成功的距离，使创业活动少走弯路。如果你是一个创业者，那么开阔的眼界意味着你不但在创业伊始可以有比别人更好的起步，有时候它甚至可以挽救你和你的企业的命运。眼界的作用，不仅表现在创业者的创业之初，它会贯穿于创业者的整个创业历程始终。“一个人的心胸有多广，他的世界就会有多大。”我们也可以说：“一个创业者的眼界有多宽，他的事业就会有多大。”见钱眼开，莫如说眼开见钱，眼界开阔才能看见更多的钱，从而赚到更多的钱。

9.明势

明势的意思分两层，作为一个创业者，一要明“势”，二要明“事”。

我们先来说明势。势，就是趋向。做过期货的人都知道，要想盈利，关键在于做对方向，这个方向就是势。比方说，大势向空，你偏做多；或者大势利多，你偏做空，这样的话，你不赔钱谁赔钱！反过来的话，你就是想不赚钱都难。

势分大势、中势、小势。创业的人，一定要跟对形势，要研究政策。这是大势。中势指的就是市场机会。市场上现在时兴什么，流行什么，人们现在喜欢什么，不喜欢什么，可能就标明了你创业的方向。小势就是个人的能力、性格、特长。

明势的另一层含义，就是明事。“世事洞明皆学问，人情练达即文章”，创业者一定要懂得人情事理。

10.自我反省的能力

反省其实是一种学习能力。创业既然是一个不断摸索的过程，创业者就难免在此过程中不断地犯错误。反省，正是认识错误、改正错误的前提。对创业者来说，反省的过程，就是学习的过程。有没有自我反省的能力，具不具备自我反省的精神，决定了创业者是否能认识到自己所犯的错误，是否能改正所犯的错误，是否能够不断地学到新东西。作为一个创业者，遭遇挫折和低谷是常有的事，在这种时候，反省能力和自我反省精神能够很好地帮助你度过难关。

敢于站在互联网创业的风口上

从现状来看，“互联网+”处于初级阶段，是个都在热谈但是没有落实的理论阶段。各领域针对“互联网+”都会做一定的论证与探索，但是大部分商家仍旧会处于观望的阶段。从探索与实践的层面上，互联网商家会比传统企业主动，毕竟这些商家从诞生开始就不断用“互联网+”去改变更多的行业，他们有足够的经验可循，可以复制改造经验的模式去探索另外的区域，继而不断地融合更多的领域，持续扩大自己的生态。

互联网+真正难以改造的是那些非常传统的行业，但是这不意味着传统企业不能做互联网化的尝试。很多传统企业都在过去几年就开始尝试营销的互联网化，多是借助B2B、B2C等电商平台来实现网络渠道的扩建。更多的线下企业还停留在信息推广与宣传的阶段，甚至不会、不敢或者不能尝试网络交易方面的营销，因为他们找不到合适的方案来解决线下渠道与线上渠道的冲突问题。还有一些商家自搭商城，但是成功的不是太多。但是自创品牌，通过电商平台销售经营的服装及零食等商家已经摸索出了一条电商之路。

与传统企业相反的是，当前“全民创业”时代的常态下，与互联网相结合的项目越来越多，这些项目从诞生开始就是“互联网+”的形态，因此它们不需要再像传统企业一样转型与升级。“互联网+”正是要促进更多的互联网创业项目的诞生，从而无需再耗费人力、物力及财力去研究与实施行业转型。可以说，每一个社会及商业阶段都有一个常态以及发展趋势，“互联网+”提出之前的常态是千万企业需要转型升级的大背景，后面的发展趋势则是大量“互联网+”模式的爆发以及传统企业的“破与立”。

陈欧是聚美优品创始人，市值24亿美元。陈欧曾创立GG游戏平台。在南洋理工大学读书时，陈欧凭着一台电脑，搭建起了一款在线游戏平台GG。凭着职业玩家的身份，陈欧邀请了两位从未交手的顶级魔兽高手：WCG冠军Moon和ESWC冠军进行巅峰对决，而对决的平台就是GG。这为他赢得了第一批用户。

但随着用户量的增加，并没有资金储备的陈欧日渐窘迫，能拉到的赞助杯水车薪，投资人又对这个初出茅庐的创业者不屑一顾。这让GG的发展举步维艰。

而这时，陈欧要去斯坦福读MBA，便引入一位职业经理人打理公司，并出让了部分股权。随后，这位职业经理人引入其它天使投资人，通过运作，使陈欧手里的股权只剩下30%多，失去了对公司的掌控，最终被排挤出公司。

第二次创业，陈欧在国内成立了一家游戏公司，商业模式模仿美国，在社交游戏中内置广告。但是由于国内市场与美国差别较大，这个公司很快也宣布破产。

这两次创业失败让陈欧有两个收获：

一、公司需要有明晰的股权组织构架。

二、单纯照搬国外模式行不通。

如果把创业失败进行分类，大致可分如下几类：

第一种创业失败：

有的是亲戚朋友父母兄弟姐妹给凑了一点钱，就说是10万块吧，让他给赔光了。也许是长途贩卖水果蔬菜，一路烂掉了；或者是进了一批服装，款式不对路或过了季节，只能10块当2块卖了，再付了摊位租金后兜里也就没了；或者开发软件，都琢磨成了后没人买，发了工资只剩下两台早已降得不能再降价的电脑，还有一张存满了“语言”的光盘或软盘；或者买了种鸡种鸽种猪种兔子种蝎子种蚂蝗种花种草种不知名的野生动物，一场也是种不知名的瘟疫结束了这样那样的生命……

这是一种失败，投入有限的资金，赔了有限的金钱。何谓有限？就是一般人还不至于为此要死要活的数量，大家再不满意但也只好接受，而且可以接受，不至于影响到全家老少的生存。

第二种创业失败：

创业初期已安全通过，第一桶金也已到手，急于发展，或选择项目失误，或用人失误，或得意忘形失误，除了投入全部的第一桶金外，又已向银行贷款50%~500%，风险从50%直到1000%，抗风险能力从100%到20%，稍有失误即达风险边缘界限，届时发不出工资，企业无钱买广告，无钱进原料，无钱推销产品，无钱维持正常的运转，只能等着消耗，时间吞啮着创业成本，直至失败。

这种失败可以叫倾家荡产。如果是项目选择失误或用人失误，虽也是创业者的个人原因造成，周边的人还可以理解，如果是得意忘形、吃喝嫖赌，外人看热闹的就要站满街了，人言可畏，吐沫星子都可以把你淹死。

第三种创业失败：

创业中期对国家经济发展的形势或专业发展趋势估计错误，或受大潮流的影响，跟风上马项目，碰到银根松动之时，贷款容易，大量举债，到账就是利润，吃喝倒也花不了多少钱，但是在项目上的投入却如潮水一般，想止步都难，碰到银根紧缩之时措手不及，眼看着利息这个大坑越挖越深，把自己埋进去也无济于事。

这种失败在房地产开发、互联网企业上已经多有发生。昨日还是亿万富翁，今天已经一贫如洗。巨人不正是如此？其实如巨人史玉柱者多矣。

对于第一种失败的类型，创业者如果有一点胆量的话尽可以不用怕。无非亲朋好友白眼相见，可能还达不到这么严重的程度，如果是父母兄弟的借款，恐怕他们还要替你着想，生怕你一时想不开生出一场大病来，多是反过来劝你想开些，只当上街让小偷偷去了。

第二、三种类型的创业失败可不是你想不怕就不怕，想潇洒就潇洒。这其中只有从银行的贷款你不用怕，或者说你不怕他怕，因为银行最多是到法院起诉查封你抵押的固定资产，有时还能在无奈之下再支援你一些小钱盼望你渡过难关。怕的是你从其它渠道筹措来的资金，这些债主会让你永无宁日，每天在你的办公室里陪你聊天，还能陪你吃饭、洗桑拿，晚上陪你睡觉，就是你必须在他们的面前全天候出现和100%的透明。届时你还有心情不怕？更有甚者，或他的资金也是拆借得来，他被逼无法，使出黑道手段对付你的老婆孩子，这虽然属他犯法，但是你事后找不到他的在场证据，你都不知道是谁干的，法律能奈他何？

如何面对？

真的是没好办法，说大话谁都会，轮到谁也头大。

遇到这种处境，我想那是想面对也得面对，不想面对也得面对，由不得你了，正应了一句俗话叫：上贼船易，下贼船难。五尺高的汉子——扛着“雷”吧。

不得不面对的事也就会有不是办法的办法，略述几条如下：

1. 最诚恳、最真挚地对待帮助过你或被你的创业失败伤害了的人们

对于在你创业初期或创业的过程中帮助过你的人，一定要永远最诚恳、最真挚地对待他们，尤其是那些给你提供了创业资金的人们。在你失败的时候千万不要躲避他们，也不要隐瞒他们，更不要欺骗他们。应如实地把你的境况告诉他们，求得他们的理解，他们即便不能原谅你也很正常。

承认你对他们的负债，并且承诺他们的债权永远有效，在你有能力时一定分期偿还。

请求他们的理解是你渡过创业失败难关的第一步。

2. 请清醒明白的朋友帮助你分析处境

请清醒明白的朋友来帮助你分析你目前的处境并提供对策，再冷静的创业者在这种时候往往也不能清醒地对待自己的处境，因为你是当事人，“不识庐山真面目，只缘身在此山中”，这种失败的结果正是由于你的操作而造成的，在这个时候，你没有必要仍然只相信你自

己。

3. 整理你还存在的资源

你还有些什么？这是你必须面对的严酷现实。固定资产、现金、商标、专利、土地、专有技术、公共关系、客户，这些都是创业者的资源。这些资源中有价值的内容正是你可以翻身再创业的前提条件，在失败的创业者头脑中必须非常清楚，资源的重新组合就是你再创业的前期投入。

4. 反思你失败的原因

其实不用急于去反思失败的原因，这个时间你在未来的几个月或数年中有的是。一次创业失败后一般不可能马上就有再创业的机会，也许几个月，也许几年内都会使你没有机会，这是最最可怕的事。“屋漏偏逢连夜雨，船破更遇顶头风。”我有个朋友创业失败后至今已12年再也没有翻身的机会。

5. 抓住身边的机会

在你能够在最短的时间里控制住情绪的时候，学习新的创业理论和别人的成功经验、以及学习你能够掌握的新知识，将有助于你开始新的创业实践。

上帝虽然不会帮助所有的“自助之人”，但是上帝一定只帮助“自助之人”永远是对的。只有你自助，上帝才帮你。

能够抓住机会的人一定是不断充实和改造自己的知识结构并对商品有敏锐视觉的人。

当机会来临时，有人看不见，有人看得见抓不到，有人看见了也抓到了，有人看见了抓到了也把机会变成了金钱，希望你是最后一种人。

6. 开始下一轮创业实践

当你再次抓到机会的时候，如何能够在这次一定成功呢？

祝愿所有的创业者都不失败！当然也不要怕失败。

作为一个创业者，能够认识到创业过程中所隐含的危险，是令人感到伤心的，不过，我认为除了这些之外，还必须要认识到以下几点也是造成失败的因素：

1. 没有一个团结互补的团队，实际上是还没有准备好就贸然下海，要创业就必须有以下的人员：销售、市场、生产、策划（融资和市场运作），有忙外的有忙内的，而不是一个人什么都管，没有精力管，实际上也管不了。

2. 创业开始，生存是最重要的，要确信短期是否能够见效，时间一长，人的心态就会变坏，就容易失去同盟，就容易流失员工和人才，所谓树倒猢狲散，不能说别人不道德，毕竟每个人的理想信念不同。

3. 创业了，要把市场设想得小一点，而不要被想象中的虚假的大市场冲昏头脑，毕竟自己能拿到的才是实际的，也不要被原来的关系所迷惑，要确定原来的关系是否和你在的单位有关，有些关系网实际上是建立在你在的单位的基础上。

4. 有一颗能经受挫折和失败的平常心，不要攀比，刚开始可能会只付出没回报，但只要能熬过最困惑和最困难的时期，往往成功就不远了。

创业成功需要具备的因素

现在，很多有抱负的年轻人都希望通过自己创业，获得人生事业的成功，但是创业成功者毕竟是少数，每年新创办企业中，至少有50%在半年之内倒闭，倒闭的主要原因是没有把握创业的基本法则。在我十余年的创业经历中，有很多成败得失体会。我常想，假如创业之初就能多学习一些前人创业成功之经验，我也许会有比今天更大的成就。

甄荣辉是前程无忧创始人，前程无忧目前市值20亿美金。甄荣辉曾投资声音邮件和磁性材料。

甄荣辉在创业前做咨询顾问，是一个年薪百万的职业经理人。但在经济快速发展的大潮中，他萌生了“亿万富翁”的理想，于是就兼职做了一个声音传递邮件的系统，还投资过磁性材料。但这两次创业均以失败告终。

这两次经历让他学到了很多东西，在总结时，他说：

一、创业需要很大的精力，你必须全职去做；同时，团队也很重要。

二、创业不能只从产品出发，好产品不意味着有客户，客户需要完整的服务。因此，创业需要从产品导向转为客户导向。

但是在互联时代，创业者要知道今天“互联网+”一下子成为了社会业界追捧的热词，这是很多人始料未及的。但有的企业已经在很多年前就开始积极探索了。就像百度对于互联网的看法，李彦宏曾这样说：

处在时代的交接上的企业应该怎么做？这个答案对每个公司来说不一定是一样的，对百度来说第一是技术的信仰。我想这条对在座所有人来说都是听起来最亲切的，过去这两年百度，我们一直觉得移动互联网时代技术不是变得不重要了，反而变得更重要了。

所以过去这两年当中，我们在技术上做了很多很多投入，包括一些长远的人工智能、深度学习方面的投入，包括已经在产品当中，大家已经看得见、使用过的，比如像语音搜索。语音搜索在 PC 互联网时代用的不多，因为大家对着一个 PC 拿着一个麦克风很傻很奇怪。

但今天的手机本来就是用来打电话的，所以大家对着它说话是很自然的事情，而很多时候输入不是最方便的表达方式，而语音是最方便的。再举个例子，比如 108000 是多少日元，但真要文字输入就会很麻烦，这些东西在 PC 时代都是没有的，或者说对用户来说这个东西不是自然的需求，但是在移动时代，这是非常方便、非常自然的一种表达。而这些东西对技术的要求都非常高。语音要真正能识别出来用户到底在说什么，图像其实更难。

这里也有非常非常多的技术问题。我们过去这两年解决了大量这些问题，还包括连接人和服务，过去只能在上面搜信息，现在很容易搜索到离自己最近的电影院在哪，这些技术的创新，使得用户越来越在移动时代依赖百度，在百度上获得他们想要的东西。

第二个原因，就是要接地气。所以，为什么说我必须关心住一晚上多少钱，因为这是别人关心的事儿，在这个市场的时候要从用户的角度琢磨他们在乎的东西是什么，他们在乎的东西昨天是什么、今天是什么，明天要变成什么，这个要搞清楚。

我们讲极客，其实很多人是工程师出身，我觉得工程师在接地气上有一个非常大的障碍。通常，他从一个写程序、写代码的角度来讲这个问题，所以他觉得表达的很清楚了，很严谨，没有任何漏洞，哪怕是万分之一的问题自己都考虑到了，但用户觉得听不懂、不好用。

所以，要既了解这个技术是怎么发生的，或者至少了解技术上有没有可行性，同时又要能够说出来自己能够知道用户现在在想什么，自己能够站在一个什么都不明白、一点儿技术都不懂的人的角度来理解他的需求是怎么表达的。所以，这个要求虽然听起来不是很过分，但做起来是非常非常难的，一旦你懂了之后很自然的会想用一个专业的东西来描述，而你既懂又能一下把脑子放空按一个不懂的思维方式看待这个问题，这是非常非常重要的。

所以，既要懂技术，对技术有信仰能利用技术的力量，同时又能站在一个普通用户的角度来看问题，这不仅是过去两年百度转型的一个经验，也是我们过去十几年发展中，一直坚持的可以说是原则。

第三个原因，我就不得不谈一下比较俗的东西，就是钱的原因。我不知道有多少人关注过百度的财务报表，上市公司每个季度都会披露财务报表。

最近披露的是 2015年第三季度的财务报表，净利润率是 31%，也就是说每 100 块钱收入 31块钱是利润。如果往前推两年，也就是说比较一下2013年的第三季度百度的财务报表的话，那时候的净利润率是多少呢？53%，也就是说我100块钱的收入有53块钱是纯利润。

短短两年的时间，利润率下降这么厉害，这其实表明一种决心，就是说我愿意砸钱、我愿意投入，我不在乎华尔街怎么看，我不在乎我的股价会再跌掉一半或者更多，我一定要把这事儿做成。所以这两年的投入，对于我们平稳的过渡，我觉得也是起了很大的作用。

这不仅要有钱，重要的是要有决心。因为中国互联网时间比较短，大多数互联网公司的CEO仍然是创始人，但是也有一些变成了职业经理人，我们看美国很多都是职业经理人在打理这个公司。其实通常你有钱职业经理人也不敢做这样的决策，利润率从53%跌到29%，董事会在中途就该说该换个人来做，所以有钱也没用，根本不敢做这个事情。

通过李彦宏的分析，我们可以总结出一些创业经验，我认为在互联网时代创业同样有以下几个要素需要注意。

一、创业要有足够的资源。

很多人在初次创业的时候，都是资源十分欠缺的。资源不足，使企业创业成功的概率降低，但要有完全充分的资源也是不可能的。在资源具备上，一般来说，要符合两种条件：一是要有进入一个行业的起码的资源，另一方面是具备差异性资源。如果任何条件均不具备，创业成功的可能性很小。

创业资源条件主要包括以下几个方面：

业务资源：赚钱的模式是什么；

客户资源：谁来购买；

技术资源：凭什么赢取客户的信赖；

经营管理资源：经营能力如何；

财务资源：是否有足够的启动资金；

行业经验资源：对该行业资讯与常识的积累；

行业准入条件：某些行业受到一些政策保护与限制，需要进入资格条件；

人力资源条件：是否有合适的专业人才。

以上资源创业者也不需要100%的具备，但至少应具备其中一些重要条件，其它条件可以通过市场化方式来获取。创业者如有足够的财务资源，其它资源欠缺也可以弥补；如果有足够的客户资源，其它资源的欠缺也容易改变。

二、创业前要慎思

创业前要认真思考、反复评估、考虑成熟再行动。除了要有足够的资源准备外，心理准备最重要。以下几个方面问题，值得好好思考。

第一，我为什么要创业？是否有足够的决心，愿意承担风险吗？过去的利益是否舍得放弃？

第二，我是否具备创业者应有的能力与素质，是否能承受挫折，是否具有综合全面的素质，还是有专项技术特长？

第三，我创业成功的核心资源优势是什么？我具备的条件是：足够的资本？行业经验？客户资源？技术创新？商业运作能力？与即将面对的竞争对手相比是否有明显的优势？

第四，是否有足够的耐心与耐力度过创业期的消耗，估计通过多长时间走过创业瓶颈阶段，自己有多长时间的准备。

第五，创业最大的风险是什么，最坏的结果是什么，我是否能承受？不要只想到乐观的一方面，对风险一定要有充分的心理准备，否则，一碰到现实状况与想象不一样，一下子会造成信心动摇。

回答清楚以上问题之后，再决定是否创业不迟。很多创业者遭遇失败，都是与创业前心理准备不够、匆匆忙忙进行创业有关，最后失败得一塌糊涂。假如准备不足，条件不具备，晚一点创业也不迟。

三 、先有业务，再创业

进入该行业为别人打工，通过打工的经历来积累经验与资源。那么“学费”自然由别的老板给你付了。

很多人创业是迫于生存的压力，希望赚多点钱，过上较好的生活。因此，在创业之初，是无所谓事业的，创业选择极具盲目性，为创业而创业，在刚开始创之前，进入什么行业，以什么为盈利模式，都是一片茫然。很多创业者，先将公司注册好了，再考虑业务范畴。

创业者在创业之前，一定要有明确的创业方向，再决定创业。假如选择了某一个行业，创业前一定要积累一些该行业的经验，收集相关的资讯，如果有可能，可以先考虑进入该行业为别人打工，通过打工的经历来积累经验与资源。那么“学费”自然由别的老板给你付了，也就用不着在自己创业时交学费。行业知识、客户资源渠道、盈利模式都有了，再创业，成功就指日可待了。

四、经营能力最重要

经营赚钱的能力是最重要的，只要有非常出色的经营能力，自然会找到投资者，很多投资家天天都在找好项目投资。

很多年轻人在创业时，过多强调资金因素影响力，其实不然，创业条件中资金虽然很重要，但最最重要的是创业者个人的经营能力，特别是业务能力。如果资金是根本因素，那好，我给你投资1000万，你经营什么，你有什么可以确保赚钱吗？我想，很多人恐怕都无法保证，也不知道投资干什么，所以资金因素不是唯一的。

在创业初期，创业者个人的能力非常重要，事无巨细，都要自己亲自动手，创业不是一件很轻松的事情。在创业者的个人能力中业务能力、开发客户能力、综合应变能力十分重要。创业者其实很多时候就是一个业务经理，能够拿到订单什么都好办了。很多创业成功者，都是做业务出身。有了客户，有了订单，自然事情都变得容易了。

对于有志创业者而言，不断打造好自己的经营能力是至关重要的。从学做业务开始，是一个好办法，当能力有了，创业机会自然很多，特别是今天，进入靠能力赚钱的时代，经营能力更是重中之重。

五、内部创业更容易

在创业者中，有几种成功的类型：自己从零开始独立创业成功者，有技术与他人合作成功者，在企业内部创业成功者。笔者认为第三种创业方式最容易成功。

一个创业者比较好的选择就是有计划与策略地进入一家成功公司，先取得老板的信任，再找准机会，建议老板从公司发展角度投资新项目，这样创业的机会就有了，作为项目的提出者，自然会被老板赋予重任。很多企业都会有发展新项目的需要，如果冒昧地找人投资，合作机会不会太多，关键是一个信任感的问题，萍水相逢，人家为什么要信任？国内企业管理控制乏力，企业用人时，对忠诚度的在意，甚至超过对能力的重视。

从企业内部创业，有很多有利条件：雄厚资本实力的支持、管理的指导、综合资源的共享、业务资源的利用、品牌形象借助等，如果创业公司的业务与母体公司的业务有延续性，或关联性，创业起来更容易成功。

所以说，创业就是一个发现机会并由此创造出价值的过程。这里所说的创业，是指以企业为载体，以正当地获得更多利益为目标的活动，而非开创个人政治、学术等事业的创业。从上面的概念表述中，可以得出个显而易见的结论：创业，以获取更多钱或利益为目标！显然，这个过程至少你必须有一个好的合作伙伴，而这个好的合作伙伴必须具备以下特征：

特征一：重信守约。重信守约是宝贵的商业道德，也是合伙经营中对合伙人的基本要求。

原香港新鸿基公司总经理李兆基说："诚信乃创业之本，育人为立国之基，融二者于一体，自能运筹帷幄，决胜千里。经营之道，贵在把握时机，运用市场规律。既要勇搏善战，又需严谋明断；同时还应承担社会道义之责任，古今中外皆然。"

新加坡大华银行主席兼总裁黄祖耀说："企业成功最重要的因素是：正直。待人正直，必能赢得对方的信任与忠诚。成功的华裔企业家，是建立在长期互利的基础上，而绝非短视及贪图小利。一言九鼎，讲到做到。这等企业家必获商界的尊敬，而商界必助他成功。"

曾经与人合伙创立新世界发展有限公司的香港富豪郑裕彤在总结其创业的经验时，更是以"二十三字箴言"强调诚信的重要性。这

“二十三字箴言”是：“守信用、重诺言、做事勤恳、处事谨慎、饮水思源、不见利忘义。”

在合伙企业中，对合伙人的道德要求非常必要，也非常重要。人上一百，形形色色。我们所接触的人难免泥沙俱下，鱼龙混杂。假如在合伙企业中混入了不具备基本商业道德的人，很可能把企业的前途断送了。首先，内部的人防不胜防，“堡垒是最轻易从内部攻破的”。契约和制度规定得再具体、考虑得再周密，也免不了有所疏漏，为居心不良者留下可乘之机。其次，合伙人的革除比较困难。在合伙企业建立之后，假如发现了合伙人居心不良，不再愿意与他打交道，就通过让其退伙或散伙的方式解决，而这就会严重危及到企业的生存与发展，很可能从此一蹶不振。

特征二：志同道合。志指的是目标和动机，从广义上讲包含创业者的需求层次，创业者建立企业的动机、目标以及创业者所确定的企业目标等复杂的内容。道在这里主要指的是与志相联系的战略手段和方法，是从整个企业发展的大背景下来讲的。著名企业家艾科卡选人的首要标准就是志同道合。他要求他的部下必须熟知他的领导作风，对他的治理办法能够彻头彻尾地贯彻执行。选择合伙人时，志同道合同样重要。

不同的创业者建立企业的目标和动机可能不同，而不同的目标动机会导致不同的经营战略和方法。中国有一句古话：“一年树谷，十年树木，百年树人。”用它来比喻制定企业目标的原则实在再好不过了。办一个企业到底该怎样办，要害是要明白你的目的。假如你的目的是挣一年 的钱，你要求的是很快的投资回报，那你的选择就是种粮食，你所有的 战略设计就自然围绕它去制定。假如你是想做一个长久性的公司，做百 年老字号，那么你的经营策略又有所不同。

应该说，在企业初创时期，目标还是一个暗藏的、朦胧的意识。因为你还很弱小，对瞬息万变的市场和企业还缺乏把握，一切都是在日后的发展中逐步明朗的。但是，你应该有一个目标。在开头的时候，人们的目标一定要互相配合，纵使未来目标会逐渐改变，但起初也该方向一致。

特征三：优势互补。合伙企业就像一架由多个部件组成的机器，各部件之间相互配合、互为补充才能使整台机器正常地运转。一个合伙人组合，假如各自都有各自的优势，而且互补性强的活，不仅能为合伙人发挥其优势提供更好的条件，还能产生单个人都不具备的新的力量，而使整体的能力得到加强。

最成功的合伙企业是由才能和背景不相同而能默契配合的人们创办出来的。

早已闻名遐迩的劳斯莱斯高级轿车实际上是由两位创办者的姓氏合并而成的。在高级轿车的制造上，两人合作无间，使得劳斯莱斯家喻户晓，然而在个性上，两人却有天壤之别。劳斯出身英国贵族世家，从小养成勇敢进取的性格、长大后迷上赛车，不计代价地希望得到天底下性能最优越的赛车。莱斯则是一名实事求是的工程师，在他看来，一部车只要安全就行了。两人的意见虽有分歧，但加在一起造出的车，却成了爱车人梦寐以求的精品。

作为一个创业者，如果在寻找合伙人的时候能够注意到这些，那么，最终的结果就是，你总是发现自己很快就远远地超越了别人。

梦想是创业成功的关键因素

每个想创业的人，心里都有着一个伟大的梦想。在我看来，梦想是创业的重要指标，它呼唤着我们心中的理想。它表达出我们对生命的感受，它与我们人生目标紧紧地连在一起。正是有这个梦想，我们才必须制定出人生目标，从而踏上创业之旅。

18世纪蒸汽机的出现和广泛使用引发了第一次工业革命，机器代替了手工劳动。19世纪电力的大规模应用造就了第二次工业革命。电力革命给人类社会带来了巨大的进步。从1986年中国发出第一封国际电子邮件开始，经过30年的发展，互联网在中国有了6.49亿用户，渗透率达到了47.9%，互联网逐步从城市向农村渗透。现如今，互联网已经如电力般渗透到我们日常工作生活的每一个角落。

过去的30年时间里，互联网已经深刻改变了中国经济的格局和产业版图。第一个10年里，互联网更多应用于学术科研领域。第二个10年，互联网行业和传统行业和平共处，互联网催生了很多新经济，比如门户网站、游戏和电商等。第三个10年里，互联网逐步开始改变甚至颠覆了很多传统行业。

在大量的数据、案例分析和企业咨询的基础上，易观国际于2007年提出了“互联网化”的理念。他们认为，互联网对传统行业的改变会经历四个阶段。一是营销的互联网化，比如广告主从在报纸上做广告到在网络上做广告。二是渠道的互联网化，其最大推手是2008年开始的全球金融危机。电子商务的爆发式崛起正是渠道互联网化最显著的表现。三是产品的互联网化，这个进程从2010年开始，其最大推手是智能手机的爆发。智能手机上的App（应用软件）操作代替了原有的实地操作，在很多方面实现了无纸化，为环保做出了贡献。四是当下正在进行的运营互联网化，企业完全实现数字化和网络化。

继2007年提出了“互联网化”理念之后，在2012年11月易观第五届移动互联网博览会上，又提出了“互联网+”理念。这个理念是对互联网化的进一步提升，给了各行各业一个互联网化的具体落地思路。

以泛家居行业为例，其产业的发展演进因为互联网的出现，大致可以分为几个标志性的阶段：

1.0时代，实体线下店渠道销售时代，更多的家具企业通过入驻家具卖场，或者自己独立开设直营店方式销售；

2.0时代，线上电商平台用技术将线上渠道成本降到最低，并日渐侵蚀线下的份额；

2.5时代，更多的传统企业受到大环境的影响，纷纷借助线上平台试水电商，并且不乏自己建立独立品牌的线上电商平台；

3.0时代，真正的产业互联网化，从简单的买产品，无论是线下还是线上，无论是借助公共平台和渠道还是自己建设渠道和平台，都面临着另外一个层次的升级，那就是变卖产品为提供服务，以用户为中心，充分挖掘用户的需求，并进行相应的个性化、一体化服务的提供，这种实现的方式手段或许是个性化设计加电商交易方式，亦或方案提供与后端多品牌产品整合打包的方法。

从理论上分析，目前这个行业的发展正在处于2.5时代的中期，面临3.0时代的到来，也意味着这个行业，建立一个能够集用户需求的平台，并通过需求的充分挖掘之后，提供专业化的服务，形成预订式的销售订单，再通过电商平台组织产品，进行线下的服务，一套基于用户居家生活需求的整套解决方案提供，将带来巨大的商业机会。

当我想到这一点的时候，决定马上建立一个这样的平台，从用户的消费端开始入手，重新整合企业端的产品，并进行解决方案提供，仿佛商机近在眼前。

然而，搜索一下互联网，立马发现了xxx公司，提供基于用户居家生活服务家具装修服务一体化，并获得了B轮5000万美元的融资……

其实已经有人在做，并且已经走到了很前的位置。

或许，此时的创业者又会说，他们并不真正懂得互联网，不懂用户体验，我一定可以做一个用户体验更好的产品平台来，我还有机会，市场空间还很大。

再翻阅下文章，却发现xxx公司创始人2005年已经开始进军家居卖场，沉浸这个行业已经10年有多，并随着互联网的发展一路转型做电商平台，并收获颇丰，如今正在随着产业的发展趋势继续向前发展，并且成功融资。

如此境况下，对于一个有志进行传统的泛家居行业的互联网化改造的创业者，缺乏必要的行业沉浸，只有一腔的创业热情，并且信心满满的所谓互联网思维，或许投入到“互联网+”大潮之中，总感觉缺少一些什么。

互联网已经融入社会生活的方方面面，深刻改变了整个社会的生产方式、生活方式、消费方式以及治理方式。而“互联网+”的提出可以说正是基于对这样一个趋势的深刻洞察和智慧因应。那么，问题来了——

“互联网+”是什么？

官方版：“互联网+”代表一种新的经济形态，即充分发挥互联网在生产要素配置中的优化和集成作用，将互联网的创新成果深度融合于经济社会各领域之中，提升实体经济的创新力和生产力，形成更广泛的以互联网为基础设施和实现工具的经济发展新形态。

马化腾版：“互联网+”是以互联网平台为基础，利用信息通信技术与各行业的跨界融合，推动产业转型升级，并不断创造出新产品、新业务与新模式，构建连接一切的新生态。

阿里版：所谓“互联网+”就是指，以互联网为主的一整套信息技术（包括移动互联网、云计算、大数据技术等）在经济、社会生活各部门的扩散应用过程。

李彦宏版：“互联网+”计划，我的理解是互联网和其它传统产业的一种结合的模式。这几年随着中国互联网网民人数的增加，现在渗透率已经接近50%。尤其是移动互联网的兴起，使得互联网在其它产业当中能够产生越来越大的影响力。我们很高兴地看到，过去一两年互联网和很多产业一旦结合的话，就变成了一个化腐朽为神奇的东西。尤其是O2O（线上到线下）领域，比如线上和线下结合。[注释]

雷军版：李克强总理在报告中提“互联网+”，意思就是怎么用互联网的技术手段和互联网的思维与实体经济相结合，促进实体经济转型、增值、提效。

分析不同的版本，我们可以发现其内涵有共性，也有细微的差异。比如把马化腾版和官方版做比较，可以发现，尽管两者措辞不同，但从整体上看两个版本基本是在讲同一件事：发挥互联网在经济发展和社会生活中的基础性作用。从落脚点来看，二者表述略有不同：官方表述是“新的经济形态”、“经济发展新形态”；马化腾提到的是“连接一切的新生态”。应该说前者更宏观，强调了整体、大局；后者更基础、更科技、更人性。

而对于“互联网+”行动计划，报告提出将重点促进以云计算、物联网、大数据为代表的新一代信息技术与现代制造业、生产性服务业等的融合创新，发展壮大新兴业态，打造新的产业增长点，为大众创业、万众创新提供环境，为产业智能化提供支撑，增强新的经济发展动力，促进国民经济提质增效升级。

所以说，一个有事业追求的人，可以把“梦”做得高些。虽然开始时是梦想，但只要不停地做，不轻易放弃，梦想就能成真。事实上，很难说什么是办不到的事情，因为昨天的梦想，可以是今天的希望，并且还可以成为明天的现实。要抒写自己梦想的人，反而更应该清醒。梦想无论怎样模糊，总潜伏在我们心底，使我们的心境永远得不到宁静，直到这些梦想成为事实。青春是人生最快乐的时光，但这种快乐往往完全是因为它充满着希望，而不是因为得到了什么或逃避了什么。无论哪个时代，青年的特点总是怀抱着各种理想和幻想。这并不是什么毛病，而是一种宝贵的品质。

但是，梦想往往会使人变得不理智起来。因为我知道，梦想就是人们在梦里所大胆的想象，不一定会实现，但只是一个美好的期望。有梦想的才是真正意义上的生活，它便是人生活的动力！梦都是美的，所以美梦成真也成了我们长久以来的信仰。我们还在幼年时代，就经常听老师给我们讲一个人应该如何如何有自己的梦想，也曾经听到一些同学们谈了自己美好的梦，但在现实中，我们却很少见到真正坚韧不拔、全力以赴去实现梦想的人。人们热衷于谈论梦想，把它当作一句口头禅，一种对日复一日、枯燥贫乏生活的安慰。很多人带着梦想活了一辈子，却从来没有认真地去尝试实现梦想。

视频网站当年的“三杰”——优酷、土豆和酷6。其中优酷的古永锵，和酷6的李善友都是搜狐系，土豆王微是文艺青年，一度风风火火。

仅仅过去一年，酷6网掉队了，创始人离职，亏损逐年变大，血腥大裁员……陈天桥派驻的酷6新CEO施瑜公开表示：“酷6从此不再购买长视频版权，包括电影和电视剧等，将关注于社区化、UGC(用户生成内容)和短视频。”

在李善友离职，盛大大规模清理了创始团队之后，陈天桥与李善友就酷6网的发展战略产生的分歧浮出水面。陈天桥希望酷6的发展方向是“视频资讯新闻”，而李善友则更希望坚持购买正版版权的“大片模式”，最终不欢而散。

视频行业一向以“烧钱”著称，盛大在酷6身上已经投入了将近两亿美元，却颗粒未收。而这或许正是促使酷6转型的最直接原因。烧了两亿美元，落得个尴尬转型。管理方与创始人，理念不同，企业就不会有正确的方向和终点。

创始人李善友去了中欧成了创业导师，微博名“老李飞刀”，金盆洗手，退出江湖。酷6的命运就和盛大的命运一样——一只在温水中的青蛙。

作为创业者，一定要知道：应敢于去梦想，并把梦想变成现实。没有梦想就没有精彩的生活，梦想是人们对未来的向往，它意味着还没有体会过的生活，意味着无穷的可能性，意味着意想不到的惊喜，意味着对自己的信心。

创业定位一定要准确

一个人要想成为一个成功的创业者，必须拥有创业成功的决心。尤其是在互联网时代，如果一个人只有欲望、只有理想，那永远是不够的。

在互联网2.0时代积淀下来的经验和规律，唯跨界大刀无坚不摧的局面或许不再盛行，互联网回归到了一种更加接近常态之中，或者进入了一个“新常态”。

“跨界”一词是互联网浪潮中被普遍认同的基本准则，因为“跨界”而生的商业机会比比皆是，是互联网经济2.0时代的重要标志，然而进入到互联网3.0时代，互联网产业真正与传统行业深度融合，所谓的“+”时代的时候，“跨界易，跨过难”。

刘强东是京东创始人，市值403亿美元。刘强东曾在中关村开餐馆，被骗钱后关门。

刘强东大学毕业后盘下了中关村附近的一个饭馆。以前，饭馆里面的店员薪水很低，住地下室，平时只吃剩饭剩菜，老板亲自把控资金；刘强东接手后，涨了工资，改善了住宿环境，给店员吃香的喝辣的，采购和收银也放手让他们去做。这个带着理想主义创业的年轻人，把信任和管理混为一谈，遭遇了事业上的第一次挫折。由于管理松散，员工总是变着法子侵吞店里的钱，所以没用一年，原本盈利的饭店，赔光了他的投入。

刘强东由此得到的教训是：对员工一定要信任，但信任不等于没有管理。

在创业之前，创业者必须明白自己究竟要做什么事情，要进入哪个行业，要开发什么样的产品，只有精确的定位，创业者才能走得更快、更快。很多初创企业创始人在创业的时候是非常仓促的，其准备不足主要体现在以下几个方面：

第一，初创企业创始人根本没有投入足够的时间对创业项目的可行性进行调研，这是最重容易犯的错误。大多数的创业者是因为急于求成，没有进行充分的市场调研，其构想没有可行性而失败的。通常，一个人有了构想时会将其讲给合作者或家人听，以寻求肯定和认可。他内心并不希望找寻事实真相，而是希望有人对他给予认可。哪怕这个创业者本人睿智无比。行事准确无误，但最后都会因为他的奇思妙想没有可行性而终于失败。最可怕的是这类创业者往往意识不到自己主观上的错误，不到黄河心不死，到了黄河也往往找其它貌似客观的原因来让心不死。

第二，初创企业创始人没有事先进行详细周密的市场调查，往往头脑一热拍脑袋凭直觉来决策，根本没有从自己最熟悉、最擅长的业务起步。

只是道听途说某某行业好赚钱，就贸然投资，从而在创业活动深入到一定程度后，方才发现自己的经验、知识、能力和人际关系都与创业项目不吻合甚至相差太远并导致失去竞争能力。这类创业者往往是随机性的创业者，偶然间扎到了某个行业，了解一些皮毛，当然一般都是利好讯息后，便大张旗鼓地干开了。

第三，初创企业创始人因缺少必要的经营企业的经验而导致创业失败。许多人尽管在政府、研究机构、大专院校或者大中型企业工作过，但是本身却没有兴办企业的经历，缺少创业者必须具备的市场感觉和管理经验。用兵之道重在实战，作为一个创业者，不能坐而论道、书斋空谈，而是必须在经营实战中多多磨练。世界上没有任何一本书籍在我们阅读完了以后就一定可以获得成功，书籍只能告诉人们如何做才有可能接近成功，而真正实际动手去做的人永远只能是创业者本人。

第四，初创企业创始人在一开始做的就是自己不喜欢或是不适合其做事风格与脾气的事，从而无法扬长避短，导致企业不可避免地夭折。兴趣是最好的老师，如果没有兴趣，就算前景一片光明，就算将所有的精力、金钱和最大化的责任感投入其中，创业热情也将会逐渐降温，直至彻底放弃。

因为创业准备不足而失败的案例有很多。这类创业者往往在刚刚迈出第一步时就不得不停住了脚，匆匆创业又匆匆离开。

在这里，我们来看看百度在进入互联网时代的人工智能方面是如何给自己定位的。

早在2012年，百度已经下注人工智能。因为百度知道五年之后还在这儿，十年之后还在这儿，所以他们才敢这样做。为此，李彦宏说：

我是个技术出身的人，我在美国学的就是计算机，后来在硅谷做的又是最核心的技术，所以我对技术非常热爱，任何新技术出现我都会觉得很兴奋、很激动，所以当有新技术到来的时候，我觉得我能够把握的概率比一般人要更高一些。

作为一个企业，你必须能够有这样的判断，这项技术对这个企业来说意味着什么，如果这个判断出错了，那么对于这个企业来说是灾难性的，因为技术通常需要很大的投入，你投入的东西不是市场所要的，那么对于这个企业来说打击会是非常大的。对我来说，我觉得我处在一个非常兴奋的节点上，既是自己的兴趣和爱好，同时这些东西确实也是现在的市场所需求的。

人工智能这个学科诞生已经很长时间了，至少有半个多世纪，可能有60多年的历史。所以，90年代初期在美国读书的时候，我就很喜欢人工智能这门课。但是那个时候，我很失望地意识到，人工智能其实没有实际的应用，就是做的那些东西都很愚蠢。所以，一方面我自己喜欢，另外一方面我觉得这东西就是个花架子，没有实际价值。

直到大概两三年以前，我看到人工智能这个领域出现了用深度学习方法做的一些东西，我们看到确实效果已经非常好了。这个时候我再回来理解、解读这个事情的时候我知道，其实我们过去做人工智能之所以效果不好，是因为我们的计算机力量不够，计算的不够快，不够便宜。

而大家都知道摩尔定律，指数在增长的过程中，一开始你觉得它跟我没关系，这东西不管涨多快其实也没什么价值，但是当它从量变到质变的时候，如果你不提前可能就被掀得人仰马翻。

我十几到二十几年前就在关注这个领域，等我看到从量变到质变的时候发现机会来了，现在的人工智能跟我当初学人工智能的时候已经很不一样了，现在的计算机真的可以足够快、足够便宜，我们可以做原来根本不可能做的事儿。原来的人工智能觉得，这个事情不能做，不能做其实言下之意是说这个事儿做起来太贵了，需要很多很多计算机，需要计算很长时间才能做，我们就说不能做。

但现在经过这么多年计算机的指数增长，它可以做了，它足够便宜了，它运算足够快了，那它带来的效果就非常非常好，就已经进入实用阶段了。这是为什么我们这几年对人工智能、深度学习的投入，非常的坚决、非常的大手笔。我们也很高兴看到了，它在我们现有业务上已经起到了很大的帮助。

我们觉得，无线互联网、手机起来以后，用户的期望值或者最自然的方式不是这样的方式了，那么应该是什么方式呢？应该是，对用户可以进行多轮的引导和对话，这跟我刚才讲的知道用户想表达什么，用户很多时候只说了一半，另外一半还留在他的脑袋里，挑几个关键词写进去，这是 PC 互联网时代，我们看到的都是关键词，根据有限的词去猜。

但是移动互联网时代，我们想让用户更自然地来表达他想要的东西，他第一句话问完了之后不是很精确没有关系，我们再继续问他第二句、第三句说你要的是不是这个，一步一步推导下来使用户得到他想要的东西。比如我在路边看到一个野花，不知道这是什么花，拍一下，他会首先问这花是几月份开的？这个植物大概有多高？问完之后才说这是什么花？然后我们来判断他想要的答案。

PC 互联网时代，你输入一个关键词可能也就是两秒钟，获得一个结果也就是一秒钟不到，在移动互联网时代用户可能不在乎我多花几秒钟时间，但其实你可以帮助用户整理他的思维过程，他原来没明白他要表达什么，但在你的引导下他越来越清晰地表达他的需求，其实他表达的越多我们给出他唯一正确答案的概率就越高，所以我们未来会朝着这个方向发展。

90 年代的时候我想到超链分析这个专利的时候，当时真的没有觉得这东西能够挣很多钱，甚至一直到 2000 年年初，我开始创立百度的时候，我只知道，很多人会需要一个搜索引擎，我会把这个东西做到最好，我没有想到这个东西会挣很多很多钱。

因此，准确的“创业定位”是成功的第一步。而大量证据表明，针对小额资金的创业者，往往去赚商附加值的部分——尤其那些高端收入人士的钱，更加容易成功，将目标客户群变得越窄，才能锁得越牢。为此，我需要提醒哪些创业者，或者正在创业的人，大小通吃的想法要不得，想成功，请先对自己做出正确的定位。尤其是要在市场上给自己找一个准确的位置，尤其在分析竞争优势、劣势、机会和威胁之后，这样有利于制定切合实际的市场战略和营销策略。

随着买方市场的到来，市场上商品种类增多，企业之间竞争加剧，企业要在竞争中取胜一并占据有利的市场位置，唯一的途径就是——市场定位。市场定位是识别差异化竞争优势，选择合适的差异化优势及与目标顾客进行沟通的过程，其目的是在目标顾客心目中确立有别于竞争对手的差异化竞争优势。一般地，常见的定位有以下四种。

第一种：低定位。购买者对品牌只有模糊观念，不了解产品有何特别之处。

第二种：过度定位。消费者对该品牌的印象过于狭隘。

第三种：模糊定位。强调诉求太多，导致消费者对品牌的印象经常改变。

第四种：不确定性定位。因为产品特性、价格或形象不协调，使得消费者不相信品牌的诉求。

从上述四种可以看出，初创企业最大的优势在于成本优势，甚至是技术优势。初创企业现在面临的最大挑战是如何找到适合自己的市场定位，在合适的细分市场展开竞争，而不要在已有的领域和大企业竞争。在图书出版领域，进入2003年之后，经管类图书市场已经趋于饱合状态，很多出版商纷纷退出了，但是，还是有大量的创业者需要购买经营图书来充电，这一领域内的竞争者已经不多了，于是有人选择进入此行业，凭借自己的优势，取得了成功。对此，创业者也可以学习这种做法。

简单地说，市场定位就是首先定在哪些市场、场合和选择哪些消费群体销售本企业的产品。是在南方市场还在北方市场?是在沿海市场还是在内地市场?是在城市市场还是在农村市场?是在大城市市场还是在中小城市市场?是在大型商场还是在中小型商店?是选择高档饭店还是中低档饭店……上述这些问题以及目标消费群体的选择问题常常困扰着企业的营销部门，而不少企业在解决这些问题时常常依据常规思维，如毛皮类产品选择北方市场，认为北方天气寒冷，这类产品肯定好销；保健品选择大城市市场，考虑大城市居民收入水平高，购买力也一定强；另外一想就想到北京、上海市场，因为这些市场的社会零售商品额每年都有成百上千亿，认为稍为占有一小块市场份额，销售收入就很可观；有的企业瞄准大型零售商场，千方百计想挤入这类商场，在其中占一席之地；有的企业则遍地撒网，不管商店大小，地处何方，谁要货就给谁……这些问题以及目标消费群体的选择问题常常困扰着众多的创业者。

创业者市场定位千万不能靠拍脑袋，靠主观臆想。有经验的创业者在市场定位方面做出常规判断后，几乎都会亲自进行实地考察，通过去看、去听、去问，去了解当地消费者的风俗习惯、收入状况、需求状况、花钱态度、当地市场的竞争状况、当地商业经营方式及商业道德、当地政府的限制等。在掌握第一手资料获得客观环境市场信息的基础上，创业者才能做出比较正确的市场定位决策。

这样做虽然需要花费一定的前期费用，但如果不这样做，就会绕更大的弯子，甚至会因为市场定位错误而使创业者丧失信心，从而把企业引入歧途，经营迷失方向，最终使企业一蹶不振。

创业需要由信仰来引导

站在“互联网+”的出发点，可以看到逐渐成型的这一动态平衡的新生态与过去60年以IT技术崛起为标志的所谓“新经济”之间的不同：后者往往局限于IT相关产业内，并未对经济生活的底层，也即人们的日常生产、生活产生直接的、革命性的影响；而前者的主要作用目标，恰恰是在潜移默化中改变了人们基本的活动模式，形成自下而上改变整体经济生态的不竭动力，其影响力已经远远超出技术意义上的IT产业范畴。

对于那些即将创业，或者正在创业的人来说，创业是一个艰辛的历程，困难重重，但是，要想创业成功，必须要有坚定的信念，相信自己未来一定能够成功。

王兴是美团网创始人，估值70亿美元。王兴曾创办校内网，后被迫出售。

2003年冬天，在美国读博的王兴向导师请了一个长假，回国创业。在经历了几次失败的项目之后，王兴发现学生之间的熟人社交是一个可切入的点，于是便着手打造校内网。

在网站界面上，他们抄袭了Facebook，被大家所诟病，但由于Facebook的设计十分人性化，所以相对独立设计界面的竞争对手，校内网的用户体验是最好的，这为他们留住了很多用户。

当时北京地铁不方便，去火车站坐车十分麻烦。所以在放寒假期间，王兴在清华、北大、人大发起了一个注册校内网、免费乘大巴去火车站的活动。同一时刻同一地点，凑足50人便发车。

为了凑足人数，学生到处宣传，拉老乡注册。更有些男生为了跟一位姑娘认识，不坐火车也要坐大巴去火车站。凭借此举，校内网弄来了8000种子用户，大家开始在这个网站上活跃起来了。

但是，由于初次创业，王兴并没有自己的理论，对互联网的认识并不深入，同时缺乏明确的盈利模式，资本方并不看好校内网这个项目。最后资金链断裂，内部团队产生争执，王兴只能被迫将其出售。

而这个项目的失败，给了王兴如下启发：

第一，创业团队必须分工明确，CEO必须解放出来，关注整个业界、时代、社会发展的潮流。

第二，快速推广很重要。

第三，不需要盲目的自我创新，快速学习别人的优点。

第四，应该尽早接触资本，放低姿态，做一些妥协。

第五，必须和信任的人一起创业，唯有信任才能在遇到低潮的情况下，让团队坚持稳固。

在不少的创业者头脑中，企业目标并不明确，而塞得满满的东西却是赚多少钱的问题，这些东西装得太多，占据的空间太大，以致头脑里除了这些东西装不了其它的任何东西。其实目标对于一个企业相当重要，它是企业寻求创新和成长的冲动，保持永不满足的精神的动力。然而，令人遗憾的是，好多人把赚多少钱定为目标，什么赚钱搞什么，什么热做什么，今天炒房地产，明天玩股票金融，赌博心理很重，目光再稍微远点的就是将企业有多少资产作为目标。

其实这些都不是企业的正确目标，正确的目标应该是根据产业和自身的优势，确定你在哪一个产业要成为一个什么样的企业。如果以利润和资产为目标的话，往往导致企业的短期行为。

尤其在互联网时代，更要注意到“互联网＋”的多层演进过程已经开始，不论主观上是否愿意，已经有相当多的生产部门和消费部门被卷入“互联网＋”滚动的巨轮。这一卷入，或者如春雨润物般温和融入，或者是有破有立改造升级，或者从根本上重塑原有经济模式，大幅提高行业效率。

融合：“互联网+”对传统产业改变的开始。

通常来说，“互联网＋”对传统行业的改变从融合开始。信息要素融入传统行业各个环节中，通过不同环节的信息实时交换，达到整体效率的提升。最明显的，如“互联网＋”在在医疗行业、教育行业的应用。

通过手机端的预约挂号，查看排队人数、下载检验报告，病患和医院在互联网平台的帮助下实现信息交互，减少不必要的误解，合理安排时间，减少排队等待的时间，看病难的问题在一定程度上得到缓解。在教育行业中，“互联网＋”使得之前只能在有限场合，服务于固定人数的教育资源，通过在线视频的传播，服务于更多人群，并且脱离了地理空间的限制，大大拓展了优质教育资源的供给限制。

融合这一形式可以理解为“互联网＋”跨界传统行业的初级阶段。在以上的场景里，只需达到演进过程中的移动互联、数据交换两层，就可以实现供需双方的合理匹配。传统产业的运作方式和内容如怎么看病、怎么教学并没有发生本质改变，只是在产业链的部分环节，通过信息交换达到时间成本的节约，及现有物质成本的多重利用，从而提升了实体经济的效率。

改造："互联网+"对传统产业改变的递进。

在递进到动态优化、效率提升后，"互联网＋"对传统行业的改造升级呈现出有破有立的特点。比较明显的例子如电子商务。创业者通过这一基于移动互联的商业模式，不仅仅与消费者实现实时的信息交互，并且开始利用积累的数据指导产业链上下游的其它环节：如何设计产品、控制库存、交办物流，最终实现的是商品与消费者需求的最佳匹配。再比如餐饮、美甲、美容等常见的O2O业态。通过"互联网＋"将所有的供需信息在实际发生之前就通过买家和卖家之间的信息互换，达成买卖信息的最佳匹配，从而通过信息的交换实现实体经济的最优化，弥补客流随着时间呈现明显的不均匀分布特性带来的效率损失。从这个意义上说，这些行业通过O2O提前了解到可能的用户数量，特定时间点的特定需求，还可以用不同时间段的优惠策略，将用户按照各自的需求分配到不同的时间段上，达到实体经济资源的最佳利用。

创新："互联网+"对传统产业改变的终极模式。

"互联网＋"对传统行业的终极跨界是创新：新的创造性的力量替代原有的低效的生产组织形式、资源配置方式，成为产品或服务的主要供应者。共享经济就是跨越式发展的典范，"互联网＋"跳出传统产业的思维，创造出一种全新的商业模式。这一创新的资源整合模式已经涵盖了生活的方方面面，包括搭车、交换闲置物品、分享自己的知识、经验，或者向某个企业、某个创新项目筹集资金。例如，房子、车子是传统经济下每个人都期待能够独享的物品。Airbnb和滴滴的出现开始不断刷新人们的观念。当房屋闲置时，通过Airbnb将某段时期的居住权出租出去，达到房屋的最高利用率；当车子闲置或空驶时，通过滴滴将车子的行驶权释放出来，达到车子的最高利用率。通过信息的交换与匹配，每间房屋、每辆汽车的利用率都达到最大化。这一演进的过程触及了多个行业多个环节，实现社会整体效率的提高，从这个意义上说，共享经济实质上部分完成了“互联网＋”的演进全程。

融合–改造–创新：渐进与跨越。

通常，当信息在产业链各环节的作用由浅入深，呈现渐进式变革的时候，融合–改造–创新演展现为简单的递进关系，三步循序渐进。但在某些条件下，互联网+可能实现跨越式发展，跳过某些环节直接进入下一环节。实现这一跨越式发展的原因在于，互联网及实时信息的全方位介入，使得按需的经济服务成为可能，实现资源的最优配置，这种创新依靠传统行业自身的生产要素重组很难实现。

第二章

互联网创业的沉浮

当一个人成为一个符号的时候，就会在这个符号代表的意义上走向顶端。留给许多创业者的机会，或许是重新回到对于互联网发展大势的预测，将眼光放得更加长远一些，避开所谓的当下热点，放眼更为长远的将来，俯身进行产业的下沉，服务的下沉，到“互联网+”第二轮风口的行业中去卧薪尝胆几年，待风起的时候，再随风飘扬，或许才是正路，继续沉迷所谓互联网思维，盲信互联网技术改变一切未必就能够取得前人所取得的成功，因为天时随时在变，此时非彼时。

创业离不开自信

对于那些即将创业，或者正在创业的人来说， 谁拥有了自信，谁就成功了一半 。确实，在创业的道路上，一定要与自信同行，创业者才能完成想做的事。别人不相信你没关系，重要的是，你要相信自己。

2003年6月，郑立和朋友一起创建了163888网站，寓意“一路上发发发” 。随后，他们开发K8录歌软件，163888逐渐成了中国首屈一指的网络歌手聚集地。

香香、杨臣刚等网络歌手在网站成功推出《老鼠爱大米》等网络歌曲风靡一时，让163888网站名声大噪，号称“华人第一音乐社区” 。

2006年，网站注册用户达到1200万。同年，163888获得了阿尔卡特VC的600万美元投资，占12%股权。

2007年6月，网站启用了新名字和新域名：分贝网，但分贝网的盈利模式并未有根本转变，依靠卖空间和收取会员费的盈利模式难以为继，广告成了分贝网主要的收入来源。

2009年，郑立涉嫌经营色情视频聊天业务被捕，2010年1月，此案开庭审理，郑立当庭认罪。郑立涉足色情业务的原因尚不知晓。

最后的结果是，公司始终处于亏损状态，新的投资却始终没有到位，最后惨淡倒闭。

在互联网时代，自信是人生不竭的动力，是世上最伟大的力量，它能帮你战胜自卑和恐惧，它能使你走向成功。这正如一位企业家所说：“未来你做企业的时候，不管你对谁去讲，如果你一直强调自己的天才成分的话，对你未来的创业，包括做大了以后吸引人才，会带来某种障碍。我个人建议就是说，这种自信的表露应该从行动上来，而不是从语言上来。”

在互联网+风潮下，多次创业失败后再创业，如何在“互联网+”时代做减法，找准创业方向，是当下不少创业者正在探索的课题。

张凌建拥有上千平方米的家具公司，已在家具行业工作30余年，创业时间长。虽然年收入不错，但与众多传统制造企业主一样，他的工厂长期以来OEM订单是其利润来源，随着行业形势越来越严峻，利润空间越来越小，转型是必走之路。

如何转，往什么方向转，这个难题让张凌建颇为头疼。

一次国外的深入考查之旅，让张凌建的工厂有了转型的方向。

张凌建发现，国外不少已经传承三代的企业，长年来只专注某一品类，且只有几款产品上市销售，但产品知名度非常广，远销多国，自然也是活得非常滋润。100余人的工厂，在东莞算是非常小的公司，但在国外已经算是大型企业，这让张凌建颇为诧异。

也正是此次的考查之旅，给张凌建带来了全新战略布局思维。张凌建回国后，与合伙人商量，重新定位公司的产品布局。请来专业的品牌机构为自己把脉，推出“卓木鸟”这一自有品牌，产品定位为高端橱柜实木收纳，只专注于橱柜实木收纳细分领域，并利用互联网进行推广。

经过一年的战略布局，虽然目前公司销售额还没有明显提升，但产品已受到业内人士初步认可。“我们已成为方太、华帝总部的签约合作商，前几天还去这些公司给其技术部门培训专业知识。”张凌建说，澳大利亚的合作商也已经开始合作，韩国等商家也正在跟他接洽。

在张凌建看来，初步的成功归功于“聚焦”二字。

“我们现在许多公司什么都想做，但是结果发现什么都做不好，我们之前也一样。”张凌建说，虽然此前只做家具，但是家具行业涵盖的产品线太多，什么都生产但生产出来的产品并不专业。张凌建发现，在“互联网+”时代下做减法，一切变得简单而专注，以往的诸多瓶颈也迎刃而解。

对于创业了5次的何先生而言，做好减法聚焦细分领域，也是其多次失败经验的总结。何先生举例称，以前做美容院的时候，涉及的产品线太多，似乎关于健康美容的产品都想做，结果却一片凌乱。而多次失败后他发现，在创业时需要不断聚焦简化一些产品，只有专注才有更好的提升空间。何先生说，目前专注于健康消费团购，公司业绩不仅提升，自己空闲时间也增加不少，“以前根本没有坐下来聊天的时间，现在这种时间很多。”

虽然已取得从“0”到“1”的突破，但如何利用减法取得成功，是这些创业者接下来要探索的课题。

曾经为麦元方等企业把脉的广东陆拾秒管理机构创始人谢国良认为，在“互联网+”时代，各行各业都开始与互联网扯上关系，想要很好地利用互联网这一工具，就得了解互联网的几大特性，最终利用这几大特性来做减法，例如暴力等都是目前互联网的几大特性。

在谢国良看来，“互联网+”时代，具体要加什么并不重要，在这一背景下，去中心化、社区化、宅生活、短购物是未来人类生活的核心基调。基于这一趋势，如果创业者根据这一基调做减法，比如，自己的创业项目如何让消费者的生活越简单越方便，利用自己的创业项目将人类“懒”的这一天性无限放大，那么就可能离成功越近。另外，在互联网时代，还需要运用互联网思维来营销，例如可以向“三只松鼠”学习卖萌、向杜蕾斯学习如何玩暧昧、向雕爷牛腩学习如何讲故事。

除此之外，不可否认的是，除了用减法做好营销和公司定位外，在这个互联网时代，不要过于重视营销手段而忽略了商业的本质，好的产品和服务才是发展的基石。80后张伟，有多年外资企业工作经历，现在为广东众筹创新企业孵化器公司创始人，与不少创业人士一样，他也认为产品是成功的关键。在此前的几次创业中他发现，个人所创建的平台服务能力有限，限制了公司上升空间，发现这一致命问题之后，此次创业将各方资源整合，打造成全链条的服务平台。

事实上，自信是表现在行动上，而绝非语言上，因此，对于每一个创业者来说，自信的力量都是巨大的，但是自信仅仅停留在语言的表露上，这样的自信倒不如没有。

对创业者来说，从行动表现出来的自信就是创业的动力。要对自己的行动有信心，对未来有信心，要坚信成败并非命中注定而是全靠自己努力，更要坚信自己能战胜一切困难。因此，日本八佰伴集团创始人和田一夫在接受日本《读卖新闻》、《朝日新闻》等媒体采访时强调：我开始时仅经营一家小水果铺，还被一场大火烧得赤手空拳。但是，在“不摧毁旧的，就不能建设新的”信念支持下，我最终东山再起，成为名噪一时的创业家。我在这里想说的是，成就事业就要有从行动表现出来的自信，有了这种自信才能产生勇气、力量和毅力。具备了这些，困难才有可能被战胜，目标才可能达到。但是这种自信决非自负，更非痴妄，自信建立在充实和自强不息的基础之上才有意义。

事实上，自信是创业的动力，因为每一个成功人士都有很强的信心，有时会有咄咄逼人之势。他们独立思考、判断、选择、行动，既会在自己内心里相信自己，也会在公众面前表现出这种自信心。对此，俞敏洪强调，当然，从行动表现出来的自信不是孤芳自赏，也不是夜郎自大，更不是得意忘形，毫无根据的自以为是和盲目乐观；而是激励自己奋发进取的一种心理素质，是以高昂的斗志、充沛的干劲、迎接生活挑战的一种乐观情绪，是战胜自己、告别自卑、摆脱烦恼的一种灵丹妙药。从行动表现出来的自信，并非意味着不费吹灰之力就能获得成功，而是说战略上要藐视困难，战术上要重视困难，要从大处着眼、小处动手，脚踏实地、锲而不舍地奋斗拼搏，扎扎实实地做好每一件事，战胜每一个困难，从一次次胜利和成功的喜悦中肯定自己，不断地突破自卑的羁绊，从而创造生命的亮点，成就事业的辉煌。

敢于勇敢地追求

对于那些创业者来说，任何时候勇敢地追求，都不会有多大的损失，不追求损失就大了。

博客中国是当年号称中国互联网第一人的方兴东创建，是Web2.0时代的一面旗帜，曾汇聚了一批民间最顶级的思考者，一度号称要把新浪拉下马。

2002年，方兴东创建博客中国，之后3年内网站始终保持每月超过30%的增长，全球排名一度飙升到60多位。2005年9月，方兴东融资1000万美元，并引发了中国Web2.0的投资热潮。

随后，“博客中国”更名为“博客网”，并宣称要做博客式门户，号称“全球最大中文博客网站”，还喊出了“一年超新浪，两年上市”的目标。于是在短短半年的时间内，博客网的员工就从40多人扩张至400多人，据称60%~70%的资金都用在人员工资上。

同时还在视频、游戏、购物、社交等众多项目上大把烧钱，千万美元很快就被挥霍殆尽。博客网自此拉开了持续3年的人事剧烈动荡，高层几乎整体流失，而方兴东本人的CEO职务也被一个决策小组取代。到2006年年底，博客网的员工已经缩减恢复到融资当初的40多人。

后来方兴东回老家义乌折腾电子商务，如今已经在行业里几乎消失。

正如法兰西第一帝国及百日王朝的皇帝（1804年-1814年，1815年）、军事家、政治家拿破仑·波拿巴所说："天下绝无不热烈勇敢地追求成功，而能取得成功的人。"创业创一次失败了就不再创了，那是远远不够的。任何时候勇敢地追求，你不会有多大的损失，不追求损失就大了。你创业本来就是一无所有，就算你创业失败一百次，你不还是一无所有么？

从本质上来说，互联网及信息要素贯穿到整个产业生态，将世界变平坦，对于供应方、需求者及平台管理方式都发生了改变：经营体直面客户需求，按需服务，用户获取决策主动权，企业和行业都在发展平台化、网络化组织的核心能力——对外连接能力。这些一方面使得互联网+在任何时间均可实现将世界各地数以亿计的人和物连接起来，另一方面成为建立信任的最有效平台，所有信息的实时置换极度提升了信息对称性，整体社会的供需缺口降到最低，提升整体效率。

从这个角度，我们理解的"互联网+"的内涵，是以信息为载体，将万物互联。我们理解的"互联网+"的外延，是万物在各情境之下的所有属性在数据化后，实现实时信息交换，以虚拟信息的无间断交换置换实体经济的效率损耗，从而达到复杂系统的最优化运行。简而言之，"互联网+"就是用信息的无间断交换来减少实体经济的冗余，做到所有要素的恰到好处的最佳利用。

在理想的状态下，"互联网+"会在社会经济体系中逐步迭代，自动纠正对于经济体系中，市场扭曲最严重、效率最低下的部分，这是互联网带来的变化最大。迭代的结果，也正是"互联网+"的愿景，现实生产生活无限接近于其定义的外延：借助信息交换达至一个帕累托最优的世界。

所以，对于每一个创业者，任何时候勇敢地追求，你不会有多大的损失，不追求损失就大了 。确实，每个人都希望自己能够成功，都希望自己有一个自我表现的舞台，如果真想成功创业，那么千万不能忘记一条：在创业的道路上，除了说干就干，还是说干就干。

一要突破现状。人们常说习惯成自然，但习惯既是提高效率的手段，又是束缚创业者思维方式的桎梏。如果创业者每天面对每一个状况，都用同一种思维模式、同一种方式来处理，很可能会成为向前迈进的障碍，所以创业者每隔一段时间就应该自省一下： 我们的工作有没有突破？我们的效率是否有提高？有没有更好的处理方式？处理每件事情的态度和方式是否恰当？有没有可以突破和创新的方面？ 这样才能够取得更大的成功。

二是要与众不同。一般地，成功创业者不仅有独立思考与判断能力，而且从不要人云亦云和哗众取宠，更可贵的是要有自己的见解。能坚持自己的看法不仅需要敢想敢干，还是一种能力，与众不同不一定非要与对方意见相左，而是要在真正了解的前提下创新。

三是要坚持下去。成功创业者在取得成功之前，前行的道路很少有一帆风顺的，意想不到的困难经常会在创业者意想不到的地方等他。能够坚持下去的人，才是笑到最后的人。坚持下去包含更多意义，比如：信仰、信念、追求、面对困难时的态度等等。林肯在总统就职仪式上接受记者采访他成功的秘诀，淡淡地说了两个字：坚持。坚持是人的耐力，而非短暂的爆发力；它是润物细无声的渗透，是滴水穿石、锲而不舍、认真执著的精神。为此，成大事者必须要有敢想敢干，否则一切将无从谈起。

因此，一个人若想创业成功最关键的不是看他是否拥有本钱和才华，而是要看他是否有愈挫愈勇、永不放弃的精神和毅力，以及任何时候勇敢地追求的能力。俞敏洪表示，创业一次失败了就不再创了，那是远远不够的。他建议创业者做事情都要有一个心理预期，预料到可能的最惨结局，进行思考评估，把这个最惨的结局想清楚了，就算真的到了那个结局，也不会害怕了。对此，俞敏洪提醒那些正在创业，或者即将创业的人：一无所有的创业者，一般都缺乏资金和一些必须的办公设备，其实，只要创业者好好想想，创业者也并非一无所有，因为创业者有梦想和行动，什么资金，什么经验，什么能力，一切一切的问题创业者都不用去考虑，想到了就去做，什么都不用去考虑，在碰到一个又一个困难，解决一个又一个困难的过程中，创业者的脚步就距离梦想的实现越来越近了。

有管理学者曾讲过："创业，其实人人都会成功。只是有些人被陈腐观念所束缚，也就失去获取成功的最佳时机，未能成为幸运的宠儿。"事实确也如此，前怕豺狼后怕虎，哪里能获得成功？以下五种常见的理由，对创业者来说是"忌讳"。如果被其绊倒，成功就可能成为遥不可及的梦。

理由一：没有足够的资金

很多渴望创业的人表示，其实自己并不喜欢打工，只是因为资金不够，也就没去创业。其实，这只是不敢创业的借口。有一位电脑培训中心的经理和我分享过他的心得体会，他在开办电脑培训时，当时就只有一台486的二手电脑，并且是在一个民房内开始创业生涯。如果要说启动资金，全部加起来也不到3000元。可自己豁出去了，发誓不成功不罢休。几年下来，不单电脑更新换代，自己也在业界小有名气，固定资产已逾百万。他常说的一句话是："创业并不需要太多的钱。如果钱太多了，也就无所谓创业了。"

理由二：没有稳赚的项目

我曾连同一知名网站进行过一次有关创业问题的心理调查，从反馈的结果看，有超过80%的被调查者表示，如果没有稳赚的项目，自己宁愿打工，也不去盲目投资创业。但赚与不赚只是一个相对的概念。比如，房地产几乎是被公认利润最高的产业，可在这一领域，经营成功的房地产公司不到30%。是因为项目不赚钱吗？不是！是因为缺乏赚钱的方法。因此，他建议，如果想创业成功，不要过分计较项目好或不好，而要琢磨自己是否爱好这个行业、喜欢这个项目。具备了这两个基本条件，再加上好方法，泥土也能变黄金。

理由三：没有十足的信心

信心是致胜的法宝。可一些人在期望创业时，总是自信心不足，相反，更多怀疑自己是否有驾驭项目和风险的能力。在这种消极心态作用下，机遇和幸运也就擦肩而过。一从事直销行业的朋友说，因为"传销"的关系，我国的直销市场一直战乱纷飞。可自己对所代理的品牌进行充分考证后，还是拿出"不入虎穴，焉得虎子"的勇气开始创业。两年的风吹雨打，自己也从一家直销店发展到五家，年收入均在百万以上。

理由四：没有成功的经验

经验来自不断地摸索和积累，绝对没有哪一个仁人志士生下来就什么都懂、什么都会。这一朴实的道理几乎人人都懂。可面对创业，却有很多的人在这方面犯糊涂。李先生现是一鞋业集团的老板，资产逾亿。他在谈到创业的体会时说："十年前，我开始涉足运动鞋。当时，我根本不知道会有今天的规模，只是觉得，人人都要穿鞋子，世界如此之大，市场应该不会小。"于是，自己贷款办鞋厂。从"底层"起步，贴牌生产，边走边看，边做边改，日积月累，自己便从门外汉成为这一领域的专家。我不赞同"经验说"，等有了丰富的经验创业无异于带着脚镣跳舞。

理由五：市场竞争太激烈

不论在哪个行业，都存在竞争。可因为有竞争，才使企业发展更加快速，社会发展才会多元化。但如果希望在风平浪静的日子获得创业的成功，或许只是做梦。创业者就必须到社会的浪潮中接受洗礼。只有竞争过才会知道自己和对手的差距，因为自己始终坚持"唯精唯一、专业执着"的经营之道，在竞争日益激烈的市场经济中站稳脚跟，赢得顾客青睐。

创业者的个人心理承受能力

研究发现，在互联网领域的创业者们，心理承受能力是决定创业者成败与否的一个重要因素。确实，创业之前，要考虑好个人的承受能力。有一个较高的起点是好的。但是另一方面，因为你有很多其它的选择和机会，你没有一个破釜沉舟的境地，遇到一点点困难和挫折的时候，就很容易放弃。心理承受能力决定你未来能做多大的事情。

关于创业者的心理承受能力，成语“艰难困苦，玉汝于成”、“筚路蓝缕”就明显体现了创业的不易。

华为的创办人与CEO任正非，是当今中国企业界最传奇的人物，他一手打造最新锐的网络技术，辟建透明而现代化的企业总部，催生高度竞争的组织文化，但用的却是中国Style“家父长”式的垂垂叮咛和团结大动员、唱军歌的管理模式。了解任正非这个人，也就解开华为神秘面纱的一半……

2001年1月，当时担任中国国家副主席的胡锦涛出国访问，指明要华为创办人任正非跟团随访。稍早的2000年11月，国务院副总理吴邦国访问非洲，同样指明任正非跟团，目的是让随行的多位部长认识他，并了解中国政府能提供哪些协助，帮华为开拓海外市场。

对一位来自民营、而非国营企业的负责人来说，国家领导人这样罕见的高规格对待，自有原因。最近几年，贴着“Made in China”卷标的球鞋、玩具和成衣等各种产品充斥世界各地，多是廉价代工或仿制品，真正挂着中国自有品牌的产品凤毛麟角，其中能以技术实力打进欧美科技市场的，只有华为。

解放军退役军官任正非，用创业为自己的人生开启第二春，也为中国构筑了一个梦：与世界平起平坐。

中国媒体和同业好以任正非的军人背景做文章，评断华为因此和政府关系良好，所以拿到许多国家机关的订单。但是对前往中国投资及对当地市场有兴趣的业者来说，一位中年退役的军人，如何在一个实行社会主义逾半世纪、现代化商业基础薄弱的传统社会中，建立起具有国际竞争力的企业，才是最引人好奇之处。

这与他极为特殊的人生历练有关。任正非出生于1944年，家中排行老大，下有6个弟妹，一家九口靠着父母在学校当教员的微薄薪水过活。他形容当时“天天都是饥肠辘辘”，家中严格控制粮食，不能有人多吃一口，“否则有一两个弟妹就活不下来。”这位名列《福布斯》中国50大富豪的企业家，终其高中三年渴求而未遂的心愿，是“吃一个白面馒头”。

后来任正非到外地读大学时，文化大革命爆发，他的父亲因曾经在国民党的兵工厂做过事，被扣上“反革命分子”的帽子，红卫兵把他父亲揪到牛棚中批斗，关在里面很长一段时日，后来还下放去河里筛沙及修铁路。任正非听到友人转述消息后，连夜冒险回家探视，但父亲怕连累他，第二天一早逼他赶紧离开。

他的双亲因为没有通过思想检核，错失发展机会，虽然这种思想检核并没什么标准。目睹这一切，任正非学到宝贵经验：一个人再有本事，也得通过所在社会的主流价值认同，才能有机会。“文革对国家是一场灾难，但对我是一次人生的洗礼，使我政治上成熟起来，不再是单纯的书呆子一个。”

这应该和他后来从军、以及投入热门的电信业有关。当时的中国，主流价值由农民、工人和军人所主导，这三种身分对受过大学教育的任正非来说，军方的研究单位是最好的选择。加入解放军后，任正非表现良好，33岁成为军队代表，参加全国科学大会。在一连串优异表现下，任正非被长官推荐加入共产党，连带使他父亲延宕多年的入党申请，终获批准，并且恢复职业成为一所中学的校长。

就在恶运逐渐远离之际，1982年无预警的大裁军，再次给他多变的人生一记重击。失业离开军队，任正非到一家电子公司当经理，却因为没有商业经验而受骗，再次丢了工作，后来才被迫创业。创业初期，任正非和父母以及侄子挤在一个小房间生活，煮饭得到阳台上。

经历多次大环境起伏，任正非对危机特别有警觉，既然危机总是会来，就必须先做好准备。尽管华为已是年营业额220亿人民币的大企业，但任正非仍然经常提醒华为员工，冬天已经不远。“十年来，我天天思考的都是失败，对成功视而不见，也没有什么荣誉感、自豪感，而是危机感。也许是这样才存活了十年。失败这一天是一定会来到，大家要准备迎接，这是我不动摇的看法，这是历史规律。”

任正非是革命的忠诚信仰者，把许多新观念带进华为，确保华为保持成功的意志并赢得成功。他认为矛盾和冲突是好事，解决矛盾和冲突，是成长动力的来源。

社会主义强调资本家掌握生产工具（土地、设备和资金等），因而掌握生产过程创造的大部份剩余价值，与劳工形成对立。在中国南方改革开放中心深圳接触资本主义后，任正非看到科技业的生产工具主要是知识，存在工作者的脑袋，而非资本家手上，双方的关系对等，生产过程的剩余价值，要让工作者参与分享，才能吸引更多人才加入，创造更大价值。

因此，华为付高薪找一流人才，并且配股票，把习惯吃大锅饭的社会主义环境，植入追求利益的资本主义基因。“没有促成自己体面生活的物质欲望，没有以劳动来实现欲望的理想，就会因循守旧，故步自封，进而滋生懒惰。”

另一方面，华为又创造矛盾，不像国营企业承诺工作保障，而是实行“末位淘汰”制，让员工绷紧神经拼战，表现不好随时换掉，表现好的立刻提拔。任正非强调，“企业就是要发展一批狼。狼有三大特性：一是敏锐的嗅觉；二是不屈不挠、奋不顾身的进攻精神；三是群体奋斗。企业要扩张，必须有这三要素。新机会点出现时，自然会有一批领袖站出来争夺市场先机。每个部门都要有一个狼狈组织计划，既要有进攻性的狼，又要有精于算计的狈。”

1996年1月，华为进行一波组织改革，要求每一位干部交出两封信，一封是辞职信，一封是新职就任信，让公司视组织改革后的人力需要，个别决定接受哪一封。“什么叫成功？经九死一生还能好好活着，这才是真正的成功。华为没有成功，只是在成长。华为经过的太平时间太长了，在和平时期升的官太多了，这也许会构成我们的灾难。”

尽管有离职员工批评任正非冷血、好斗争，但他从刻苦生活所累积的智能，与许多西方企业管理的概念不谋而合。任正非从不响应外界对他及华为的批评，也不接受媒体采访，更不准华为员工出去和别人辩论。华为的高层领导不设专车，在公司吃饭和看病一样排队，付同样的费用，公司里没有人有形式上的特权，让人不得不服气。

任正非读大学时参加过红卫兵活动，他深信群众可以被动员。在华为，他透过演讲、办内部的《华为人报》和一年一度的大合唱等活动，持续动员员工迈进到下一个目标。每年年终，华为都租下体育馆，举办全公司的大合唱活动。现场贴满各式慷慨激昂标语，比方“亚美欧非，壮志未酬誓不休”，然后每个部门员工轮流起来唱歌，本质是激励士气的誓师大会。

1998年，华为开始进攻海外市场，内部免不了又是一连串造势活动，鼓励有志男女出国拓荒。原本在华为上海研究所做研发的吕晓峰，因受感动而请调销售部门，前往非洲的阿尔及尔及突尼斯开拓市场。吕晓峰后来在突尼斯一场空难中幸存，任正非特别抽空去医院探视他，并惦记着他的外衣毁损，还带他上街去买新衣服。吕晓峰后来把整段经历写成文章，发表在2002年6月的《华为人》报上，许多员工看了都热泪盈眶。

“唯有偏执狂才能幸存”，是英特尔董事长葛洛夫（Andy Grove）的名言，任正非却在中国实践了这句话。葛洛夫和英特尔已具有世界知名度，而任正非和华为的世界之路才刚起步。从国家领导人到一般员工，都对华为期许很高，任正非则是平常看待。“我没有远大的理想，思考的是这两三年要干什么，如何干才能生存下来。活下去永远是企业的硬道理。”

创业的过程就是一个学习的过程，是一个失败的过程，是一个积累经验的过程，也是积累社会阅历的过程，直到最后创业成功了，历经沧海以后，才能回最到平常的心态。那个时候，才是所谓的财大气不粗，位高权不重，那种心态，是需要大家很努力才能达到的。现在大家依然是青春热血，想做什么事情，去做就行了。

赢在中国，赢在明天，都在讲赢，我们就先来解构这个“赢”字：赢上面是一个“亡”，如果你没有必死的决心，坚决不走回头路这样的勇气，你是不会成功的，所以就要有“亡命徒”的精神。

“亡”字下面是一个“口”字，我们说是言行字，也可以说是理想目标，这个“口”是语言，也可以是表达能力，或是对自己的鼓励。光有亡命精神是不行的，还必须要有目标和理想。如果一个人做事情也很简单，说出来的话都是同样的话，做出来的事都是同样的事情，就是言行一致。大家可以看到，创业是很苦的一件事，太阳底下在干，月亮底下也在干。我到现在每天仍要工作16个小时，有的时候不得不工作，再累也得干，因为你站在事业的这条线上，你不想跑，别人也会推着你往前跑。

中间的“贝”就是钱的意思，钱可以成为激励你干事业的动力。钱是好东西，人人都需要钱，只是钱在不同人手里，有不同的分量，所以这个世界上肯定是钱越多越好。谁也不会说巴菲特钱多，像我现在还想要很多的钱，我不会给自己买飞机、买游艇，我觉得这可能是种浪费，但是我可以做自己喜欢的事情，比如资助贫困学生，背着包去旅游……不是说我自己有钱了，就说钱是好东西，从某种意义上说，把钱用在什么方面可以成为评价一个人的标准之一。一定要有有钱的欲望，但是要牢记：君子爱财取之有道。第二层意义是什么呢？如果你想把事业做大，必定要把钱分给别人。这里面剩多少好，剩多少合适，就是智慧的问题了。大家知道很多中国民营企业家做得很成功，有的民营企业家持股70%、80%，其事业很成功，有的仅占10%、20%也很成功。这个完全是你自己的感觉，以什么样的方式激励别人，才能获得团队一起奋斗的状态。中间“贝”字就表明了两个状态，为自己挣钱，为别人挣钱。

最后才是“凡”字，所谓有一颗平凡的心在做事情，你是为事业在做，而不是为钱在做。事业做大了，钱就成为事业成功的副产品，以钱为目的就不行。大家都知道，一般的公司如果不上市，直接卖给上市公司是什么概念，即按照你当年净利润的若干倍来计算。公司经营良好，在合理的范围之内，你想办法省钱，卖出一个好价钱，这是许可的。但是我认识的一个人，实在是要钱心切，在谈判好以后的9个月，把无数的成本转移了，结果年终的时候这个公司的净利润就高。对方一看，非常高兴，花了一大笔钱买走了，再一调查是做手脚了，就起诉了他，结果这个人的所有财产被冻结，并被刑事起诉。这个赚钱方法就不好，为什么呢？就是眼睛里只有钱，没有事业，没有道德价值。只有有事业，有道德价值，你未来做事情才可以做得长久。

人品、眼光、气度，这些品性只要不是致命性的你就能够活下去，就怕你本人犯致命性的错误，那就不行。这不叫平凡，这叫平庸。所谓平凡就是任何东西有得有失，你都能放得下，并且还有勇气继续往前走，比如说失恋了以后自杀，这不光是平庸，而且是胆怯。为什么呢？自杀永远是一种逃避行为，他对未来失去了梦想，对未来感到恐惧，觉得未来所有人都不会爱他，这个时候他才会自杀。如果你创业失败以后，一定要重新爬起来继续创业，这说明你对自己是有信心的。

但是，如果按一位老总的说法，说人分四种，君子小人等，按照这个分类，我自己既不是君子也不是小人，我是做事敢为人后，做人也敢为人后，按照他的定义来说，是可悲的人。所谓的做事敢为人后，我想区别一下这个定义，为人民服务的事情，为别人去做，这当然要做事敢为人先。敢为人后是你做事情的时候，不要事事占先机。有的时候，你跟内部的合作者，稍微让一让，把机会让给别人，别人会对你表示更多的尊重。如此看来，有一个平凡的心态，不管你遇到多少次的失败，依然能够站起来，继续往前走，最后你获得的是人生的智慧，而不是绝望。做到这一点，就很好很好了。当然现在的创业比我们当时难一点，竞争更加激烈一点，需要更多的资金。但是，只要你有一个合理的目标，有一个合理的梦想，把事情一点一点积累起来。最怕你着急，一着急以后，基础不牢固就想做高楼，这个钱扔进去以后，恐怕就再也出不来了。在创业的时候，要记得有一句话叫急事慢做，就是越着急的事情，越快的事情，反而要慢点来做。有的时候，想不清楚的事情，稍微等一等，可能会比你匆忙的去做，要更有效一点。

我有两个优点。第一点我是一个事事慢做的人，我从小学到中学成绩一直不好。我高考考了三年，从来没着急过，急也没有用，还不如慢慢来，最后考上了北京大学，算是好的结果。我在大学时，成绩全班倒数第五名，也没怎么着急。我的员工很少有看见我发脾气的时候，很多的时候，事情做不下去了，着急，但是不管用，你唯一的办法就是积攒壮大自己的力量。第二点就是设立一个能够实现的目标，然后努力地去做。我曾经和我老婆说我们赚10万块钱就不干了，结果到了10万，还要想继续做，目标订到了100万，100万又到300万……为什么呢？因为钱越多越好，钱也可以是有待实现的目标。人生并不在于你有多宏伟的理想，而在于拥有一种心态，不管创业还是个人生活，要每天都有进步，有收获，我觉得就是这点小小的进步让我一直在坚持。

事实上，对创业者来说，心理承受能力是必须具备的品格。俗话说“吃得菜根，百事可做。”对创业来说，肉体上的折磨算不得什么，精神上的折磨才是致命的。如果有心自己创业，一定要先在心里问一问自己，面对从肉体到精神上的全面折磨，你有没有那种宠辱不惊的“定力”与“精神”。如果没有，那么一定要谨慎行事。对有些人来说，给别人打工是一个更合适的选择。

创业是痛苦的，创业的过程就是一个炼狱的过程，从某种程度上讲，创业者大都是苦命人，但是创业的成功却又是最甜的。奉劝那些开始就幻想和充满了享乐思想的人万万不要走上创业这条路，想走这条路首先要自问：我能承受这些苦难吗？我有忍耐力吗？三思而后再选择。因此，心理承受能力是决定创业者成败的关键因素。

创业伊始，条件都会比较艰苦，要处理方方面面的事情，也可能要做一些繁重的体力劳动。所以首要条件是要做好吃苦的心理准备。

对所面临的创业环境、困难要有足够的心理准备。经营一个企业，不管各行各业都不是轻松的事，时间都要被绑在企业里。唯一的要求，要吃苦耐劳、要弯腰做得下去。

当然，较强的心理承受能力将大大增加创业者成功的几率，同时也会给初创企业带来活力。对此，创业者在创业之前，想法很好，只要你觉得自己有资本，有足够的心理承受能力，有很强的风险意识，而且非常能吃苦耐劳，这样就可以自己创业了。另外，心理调适至关重要。顺利的时候是比较幸运，不顺利的时候要学会如何调整自己的心态，不要轻易放弃，要保持心理的健康。要预计到所面临的困难，随时做好应对挫折的准备。

创业者必须具有一定的风险意识，在自己创业前，必须进行市场调查和论证，成熟后才能投入。因为市场竞争是无情的，一切违背市场规律的行为都必然要受到市场的惩罚。当然，并不是说在创业之前一定要做得非常完美，其实这样很有可能延误了高机。只要认定是正确的，就应该马上开始运作。

大多数创业者在决定创业时都只考虑眼前而不考虑未来，结果快乐没得到却得到痛苦。你必须熬过跟前的恐怖和失败，按照自己的价值观或标准，把目光放在未来。本来任何事都不会使我们痛苦，而真正使我们痛苦的是对于痛苦、失败的恐怖。创来的经验都一样，一定要做好赔钱的心理准备，有时平心静气地等待也很重要。

敢想敢干的创业胆量

必须承认，从现阶段的中国来看，创业是最容易实现自己价值的一个重要途径，但前提是创业者必须拥有足够的敢想敢干的创业胆量。我多次在青年创业论坛上对此发表演讲强调敢想敢干的创业胆量的重要性。遗憾的是，现实生活中，很多有点眼光的人却没有足够的胆量，致使创业计划一改再改，一拖再拖，最终化为泡影。因此，创业不仅需要商业眼光，而且更需要敢想敢干的创业胆量。尽管敢想敢干的创业胆量是创业家精神的一个重要组成部分，但创业毕竟不是赌博。因此，胆量决定一个创业者成功与否。在这里，我们来看看马云的创业故事：

1995年4月，马云辞掉了教师的工作，拿着借来的2000美元启动资金，开办了中国第一家互联网商业公司——杭州海博电脑服务有限公司，同年中国黄页上线。

在1995年和1996年之交，杭州电信模仿马云，也做了一个中国黄页。因为竞争问题，马云于1996年3月和杭州电信合并。1997年，马云持有中国黄页21%的股份，放弃了这个自己一手养大的“孩子”，和杭州电信分道扬镳。

接下来，马云带着5个兄弟为中国国际电子商务中心苦干了15个月，由于股权问题，马云再一次选择了放弃。

1999年2月21日，阿里巴巴在马云的家中成立。“从现在起，我们要做一件伟大的事情。我们的B2B将为互联网服务模式带来一次革命！”马云掏出身上的钱往桌上一放，说，“启动资金必须是Pocketmoney(闲钱)，不许向家人朋友借钱，因为失败可能性极大。我们必须准备好接受 最倒霉的事情 。但是，即使是拳王泰森把我打倒，只要我不死，我就会跳起来继续战斗！现在，你们每个人留一点吃饭的钱，将剩下的钱全部拿出来。”这就是马云的战前动员。

从1999年到2003年阿里巴巴的成长过程，看似顺利，其实坎坷无比。这一次，马云已经确定了自己要做“鸡头”的雄心，他需要的是追随者和执行者，但是从中国黄页开始跟着马云的合作伙伴因为意见相左，而离开了团队。2000年美国纳斯达克崩盘，.COM泡沫破灭，阿里巴巴又一次遇到了空前的危机。

2001年12月，阿里巴巴当月冲破收支平衡线，盈利达几万美元。阿里巴巴注册商人会员突破100万家，成为全球首家超过百万会员的商务网站。2003年5月，提前实现当月每日收入100万元人民币目标。阿里巴巴成功了。

4年之内连续两次放弃，这是一种敢想敢干的创业胆量。就像马云最开始选择离开那个神圣的教师岗位一样。然而胆量和雄心总是成正比的。就如同陈胜吴广当年喊出的“王侯将相，宁有种乎”一样，如果没有当王侯将相的雄心，又何来揭竿而起的胆量？从马云第一次接触互联网这个概念开始，创业的雄心就开始蠢蠢欲动，接下来就有了两次揭竿而起，如果没有这份雄心，马云这辈子或许就是以“凤尾”

的身份终结，正是这份雄心支撑着他连续两次的放弃，让他成为了领袖级的“鸡头”。

马云是电子商务方面的权威人士，同时也是成功学方面的专家。在中央电视台举办的青年创业论坛上，马云询问了几个想创业的人对于他们的未来有没有打算，预想一下自己能在几年内达到自己所设定的成果，以此为青年人讲述该如何达到自己的目标，也就是成功之路。马云告诉想创业的人：妨碍青年成功的因素为无目标、无胆量、无毅力、无责任感。成功需要胆量和气魄，就像他当初创建阿里巴巴的一样，能创造阿里巴巴这个大集团就是目标加胆量加毅力。

事实上，在21世纪的今天，创业仅仅只有智慧是永远不够的。纵然有勇无谋只能做个莽夫，但有谋无勇也只能做个懦夫。而现代社会里，教育的发达和信息技术的高超让大多数人都有一定的“眼光”，但胆量却绝非是人人都能具有的。从这层意义上说，智慧，只是胆量的一个组成部分。确实，如果没有敢想敢干的创业胆量，那么马云就不可能拥有今天的成就。

为此，在创业者追求成功的道路上，第一个要素就是要有敢想敢干的胆量。确实，成功需要敢想敢干，要有突破现状的勇气。任何组织和个人发展都常出现一个规律：在初期往往有较强的学习能力和改造能力。但是当工作一旦上手了，并且积累了一定工作经验时，就很容易有抗拒心理，反对任何改变，即使自己也有试图改革与创新的想法，但怕麻烦，怕失去原有优势而不想改变。

毋庸置疑，胆量是决定创业成功与否的一个重要因素。对于大多数创业者来说，最需要的就是胆量与勇气。因为这个世界就是这样，你要有梦想，你还要有胆量、毫不妥协的信念和实现梦想的决心和行动，才会赢，只有偏执狂才能生存。

北京华夏圣文管理咨询公司在2007年做过一项调查显示，85.47%的年轻人都有创业意向，但真正付诸实施的只有7%。这颇值得探究。

马云多次指出：创业没有人们想象的那么难，难就难在很多人只有创业的想法，而没有敢想敢干的创业胆量。事实上，创业面临着更多的困难，比如创业环境、投资政策、创业时机未到、好项目有限、启动资金筹集难等等，这些都是理由。数据显示，从20世纪90年代中后期以来，中国出台了一系列帮扶政策，国内的创业环境已有了很大的改善，为什么还是有那么多有创业意向的年轻人不能将创业计划付诸实施呢？我认为创业环境、投资政策等因素绝对不是有创业冲动的人不去实现梦想的关键因素，最重要的理由只有一个：没有敢想敢干的创业胆量。

事实上，中国的市场经济还不够成熟。在计划经济的条件下，人们的行为是有序的，所有东西都被虚拟地 计划 好了。你想创业，就必须想办法钻空子，将旧的秩序 搞乱 ，才可能有所作为。民间流传的成功之道是：一胆、二力、三功夫。即第一是胆量，第二是力量，第三才是功夫(科学管理或专业技术)。这是创业时期的方法排序。

农民企业家鲁冠球以90.5亿元的资产占据2006年《福布斯》中国富豪榜第十位。作为中国最受尊敬的第一代企业领袖之一，鲁冠球还见证了万向集团从一个小工厂发展成为国内最大民营企业之一的全过程，只有初中文化的鲁冠球向世界展示了一个农民的传奇故事。

鲁冠球，这位至今都带着浓重乡音的浙江老汉，15岁辍学，做过打铁匠，3年的铁匠生活使鲁冠球对机械农具产生狂热的爱好。他把一间农机小作坊打造成中国乡镇企业的佼佼者，并把持万向集团的方向盘稳步前行，在数不清的桂冠和乡镇企业大多昙花一现的背景面前，鲁冠球奇迹般地成为民营企业家中的常青树。在WTO与国际化大潮汹涌而来之际，鲁冠球再一次成为故事的主角：成为国内第一个为美国通用汽车公司提供零部件的OEM厂商。

鲁冠球首次创业是办了一家米面加工厂，后因被人指斥为办地下黑工厂而遭关闭，机器被廉价拍卖，他只好出卖刚过世的祖父遗下的三间旧房，才得以还清向亲友借贷的3000元欠款。这一次创业几乎使他倾家荡产。1969年，鲁冠球受宁围公社领导邀请，接管了宁围公社农机修配厂，开始第二次创业。他依靠作坊式生产，生产犁刀、万向节等五花八门的产品，这种 多角经营 ，为他完成了最初的原始积累。

1979年，鲁冠球调整战略，集中力量专业化生产汽车万向节。1980年，鲁冠球在经济十分拮据的情况下，将价值43万元不符合标准的万向节，送往废品收购站，在全国万向节厂整顿检查中，他的工厂以99.4的高分居全国同行业之首，被列入全国仅有的三家万向节定点生产专业厂之一。从1980年至1989年，鲁冠球的万向节产品经济效益年均增长达40%以上，1988年鲁冠球以1500万元向宁围镇政府买断万向节厂股权。1990年开始，鲁冠球提出“大集团战略、小核算体系、资本式运作、国际化市场”的战略方针。他把“钱潮牌”万向节产品打开了日本、意大利、法国、澳大利亚、香港等18个国家和地区的市场，每年创汇在229万美元以上。

凭借良好的商业触觉和早年打下的根基，1992年后的万向已在跨国并购和金融领域实现了更深层次的扩张，一个庞大的商业帝国已经呼之欲出。1994年，万向美国公司在美国注册成立，这是鲁冠球为整合海外资源而投下的一枚重要的棋子。万向美国公司最初主要负责将中国生产的产品销售到美国，通过 股权换市场 、 设备换市场 和 让利换市场 等方式，整合海内外两套资源。1997年8月，万向集团生产的万向节正式敲开世界汽车业巨头美国通用汽车公司大门，成为美国通用汽车公司的配套产品。2001年8月28日，他一举收购NASDAQ上市公司UAL，开创中国乡镇企业收购海外上市公司的先河。至此，他手中的上市公司内有万向钱潮，外有UAL。现如今，鲁冠球已经将26家海外企业揽入自己的企业帝国版图之内。

回首鲁冠球的创业轨迹不难发现，只有对时局的精确把握和商业手段的扎实运用方能把握住每个稍纵即逝的机会。2005年7月18日，杭州市政府对万向给予300万元巨额奖励，半年后杭州萧山区政府又因万向对地方经济的突出贡献，奖励其宝马车一辆。在媒体和官方众口一词的好评面前，万向这家影响力非凡的企业并没有在功劳簿上睡着，万向的产业布局正在向纵深推进。

应该说，鲁冠球的成功是中国成功创业者其中的一个，究其原因就是胆量让鲁冠球发现了自己经营企业的潜力，而敢于做 第一个吃螃蟹的人 ，彰显了他非凡的勇气和超人的能力。

确实，创业环境再好，创业不一定的风险，有多少人能够战胜自己对稳定的渴求而去冒险呢？可是，不冒险，便没有创业的成功，也就享受不到创业成功的快感。在众多新浙商中，丁磊跟马云的创业经历极为相像。

丁磊人生中的第一次转折发生在大学毕业刚参加工作时。互联网在那个时候进入中国，他当时刚好在宁波。他在宁波的时候看到互联网进入中国，觉得这是个机会。

丁磊说：“我在大学读的不是计算机专业学的是微波通信，我的辅修专业才是计算机。大学毕业的时候，我被分配到宁波市电信局。可以说是许多人向往的一个企业，我却离开了，辞掉了我的职位。用现在的话说，我‘下海’了。我也不知道这个能不能赚钱，可我还是走出了这一步。”

丁磊离开宁波电信局，父母也给了他很大的压力：“你为什么要离开，去一个陌生的城市，然后做一个别人都不理解的一个东西？”丁磊硬着头皮说，因为一个人事业要成功，就一定要拿出胆量来接受挑战。

去广州两年时间，丁磊有很多机会接触到了互联网，也感受到新经济带来的挑战。于是，丁磊毫不犹疑地去游说广州市电信局，要重视互联网建设的发展。丁磊本人也在1997年的时候创建了网易公司。

丁磊说：“我自己对当时这个选择的看法是，互联网刚进入中国，我周围的许多同事和我一样都看到了机会的存在，但是到今天为止，只有我一个人出来做互联网。我认为这一点值得思考。在你的一生中，你会面对许多这样的 机会 ，但你能否认定它就是真正的机会，并为了这个机会可以百分之百的努力，甚至不惜改变自己原有的、较好的、稳定的生活状态？选择冒险，确实需要胆量。但同时，你要知道，你或许已给自己选择了一条成功之路。确实，对于胆量，我很欣赏马云，不过对于每一个创业者一定要记住：那就是要想创业成功，就必须拿出敢想敢干的创业胆量去冒险，只有这样，创业的成功几率才会增加！”

从丁磊的创业历程中，我们分析得出，胆量其实是成功创业的“第一资本”。尽管世界上数十亿想创业的人，却只有少之又少的人在没有资金、销售渠道、国际合作伙伴等的情况下，却有胆量地“敢想，敢说，敢干”付诸行动，最终成为成功的创业者。

因此，没有超人的胆识，就没有超凡的事业。创业要求有志者具备超人的胆识，勇于承担多数人望而却步的风险。

确实，诸多机会造就了一大批企业家。在新兴市场的白手创业者，他们就是凭借敢想敢干的创业胆量摸着石头过河，结果却成功了。而那些畏首畏尾的人，现在依然在原地踏步，没有什么改变。

事实上，过去中国大量掌握专利技术的知识分子，没有多少敢去办企业的，究其原因就是没有敢想敢干的创业胆量。因此，无论是什么时代，没有敢想敢干的创业胆量的心理素质，任何时候都成不了企业家。

创业者的心理准备

现在有一部分年轻人缺少吃苦精神，找工作碰壁后心理承受能力脆弱，以至于整天嘴上挂着“工作难找”的话。马云却不这样认为，生存考验只是一种手段，年轻人更应自觉加强吃苦锻炼。确实，创业是一个艰辛的过程，没有吃苦的准备，肯定是坚持不下去大的。马云在“西湖论剑”上多次告诫创业者：“要想创业，就必须有吃苦的准备。对所有创业者来说，永远告诉自己一句话：从创业得第一天起，你每天要面对的是困难和失败，而不是成功。我最困难的时候还没有到，但有一天一定会到。困难不是不能躲避，不能让别人替你去抗。九年创业的经验告诉我，任何困难都必须你自己去面对。创业者就是面对困难。”从马云的话中，我们能体会到他当初创业时的艰辛和困难！事实上，创业的结果，创业者是无法预料的，但是创业遇到的各种困难，却是必须承受的！

20岁之前的马云，实在是太普通了。像他那样爱打架、学习成绩不好、留级、考不上大学的人，一抓一大堆。如果就此沉沦，那就永远也没有以后那个光彩照人的马云了。

命运的改变，来自于一次偶然的机缘。蹬三轮车的马云，有一天在火车站捡到一本书《人生》。路遥的这本成名作，曾影响过无数人，也影响了马云。读完《人生》后，马云壮志凌云地说：我要上大学。

以阿甘般的傻劲，经过无数辛苦，1984年，马云考入了杭州师范大学英语专业，读本科。马云当时的分数，离本科线还差五分，但由于本科没招满人，马云幸运地上了本科。自小至大，马云读的小学、中学都是三四流的，而马云在费了九牛二虎之力后，也没能考上一流的大学。可是，正是以上大学为契机，马云开始了追求卓越的历程。而从这时起，命运之神也开始眷顾马云。

大学里的马云，如鱼得水。他的英语成绩太好了，不用怎么学习就能稳坐英语专业的前五名，这让马云总觉得无事可做。于是，有时间有侠气的马云，就进了学生会，当了学生会主席，开始了积极的社交活动，广交朋友。

大学毕业后，马云被分配到杭州电子工业学院当老师，教英语。

1991年，不甘寂寞的马云利用业余时间和朋友成立了海博翻译社。第一个月，翻译社收入七百元，但是仅房租一项便要支出两千元。这时候，又有人说马云犯傻了，安安稳稳得当大学老师得了，瞎折腾什么？

当合伙人动摇的时候，马云一个人背着个大麻袋，满世界地去卖小商品，包括小工艺品，卖花，卖书，卖衣服，用最原始的方式维持翻译社的运转。凭着这股不怕吃亏、吃苦的耐劳的傻劲，马云让翻译社活了下来，并成为杭州最大的翻译社。

确实，从马云的创业经历来看，只要肯吃苦，满地都是金子。事实上，对于那些创业者来说，最后创业成功的人，大都是能吃苦的人。在先进国家与新兴市场中，大部分的公司是以家族企业起家。他们凭着企业家的愿景与精力，从创业之初的筚路蓝缕，蜕变成各自经济中的主力。

事实上，创业者一般都具有吃苦耐劳、节俭朴素的性格特点，这些都是对企业的发展有着十分有利的因素。在阿里巴巴公司，新员工的培训中，马云经常给他们讲述下面这个故事：

1942年，第二次世界大战正进行得如火如荼，随着战争情势的发展，战场即将转移至北非。这时，巴顿将军意识到自己的部队早已习惯了欧洲舒适宜人的环境，一下子移师到天气酷热的北非，那里恶劣的气候将成为士兵们的头号敌人。所以，巴顿将军就模拟北非的环境，建造了一个类似沙漠地区的训练中心，让士兵们在48度的高温下，每天在沙漠里跑上一英里，且规定每位士兵每天只能用一壶水。

士兵们如同从天堂掉进了地狱，叫苦连天。但是巴顿将军却丝毫不肯松懈，他以身作则，陪着士兵们一起接受种种艰苦的训练，并鼓励士兵们说：平时多流一点汗，打仗时就可以少流一点血。

不久，盟军总部下达了开战的命令，巴顿将军率领着部队进入北非沙漠，先前的训练这下子全派上了用场，部队很快就适应了沙漠里的酷热难耐，丝毫不受环境的影响，并且一举大败德军，在北非沙漠里屡建奇功，终于凯旋而归。

要想创业成功，并且要想让企业基业长青和永续经营，没有吃苦耐劳的精神肯定是不行的。事实上，吃苦耐劳是初创企业快速发展的一个重要因素。马云就非常重视员工的吃苦耐劳，他在招聘员工时，首要的一条就是看被招聘的员工有无吃苦耐劳的精神。

事实上，在初创企业中，创业者往往是一个多面手，既是总裁，又是日常工作的顾问，也是处理难题的能手，他们每天工作时间长达10多个小时。被称为“标准型工作狂”的王永庆，每天早晨4点钟起床跑步6000多米，然后开始工作，除了吃饭时间之外，从不间断工作，连看电视的时间都没有。他的家族成员和员工称他是 像是24小时上紧的发条 。胡应湘、蔡万霖、霍英东、王安、庄永竞、陈玉书、吴水阁等，都是这样有名的 工作狂 。

名人似乎总有与众不同之处，盖茨之所以会成为当今电脑世界的显赫人物，其独特的性格特征也许早已注定了他的非同寻常。对小时候的盖茨来说，在课堂上睡觉是常有的事。他的生活极其紧张，三天不睡觉对他来说如同家常便饭。据一位朋友说，他通常36个小时不睡觉，然后倒头便睡上十来个小时。

盖茨是个典型的工作狂，这种品质从他在湖滨中学时期就已表现得淋漓尽致，无论是在电脑房钻研电脑，还是玩扑克，他都是废寝忘食，不知疲倦。1974年，当盖茨认为创办公司的时机未成熟而继续在哈佛大学上二年级时，他开始了玩扑克，疯狂地玩，扑克和计算机消耗了他的大部分时间。像其它所专注的事情一样，盖茨玩扑克很认真，他第一次玩得糟透了，但他并不气馁，最后终于成了扑克高手。只要晚上不玩扑克，盖茨就会出现在哈佛大学的艾肯计算机中心，因为那时使用计算机的人已不多。有时疲惫不堪的他会趴在电脑上酣然入睡。盖茨的同学说，他常在清晨时发现盖茨在机房里熟睡。盖茨也许不是哈佛大学数学成绩最好的学生，但他在计算机方面的才能却无人可以匹敌。他的导师不仅为他的聪明才智感到惊奇，更为他那旺盛而充沛的精力而赞叹。在阿尔布开克创业时期，除了谈生意、出差，盖茨就是在公司里通宵达旦地工作，常常至深夜。有时，秘书会发现他竟然在办公室的地板上鼾声大作。不过为了能休息一下，盖茨和他的合伙人艾伦经常光顾阿尔布开克的晚间电影院。“我们看完电影后又回去工作。”艾伦说。1979年，微软公司迁到贝尔维尤，1983年，微软公司宣布了要开发WINDOWS的消息。一位曾到过盖茨住所的人惊讶地发现，他的房间中不仅没有电视机，甚至连必要的生活家具都没有。商场如战场，对盖茨来说，要胜利，就要比别人付出成倍的辛苦努力。

能干常人不肯干的活，能吃常人不肯吃的苦，能赚别人看不起的钱，这是众多创业者艰苦创业的生动写照。马云在“西湖论剑”的论坛上，讲述了浙商的成功原因：“在中国，浙江的创业者非常的多，他们百折不挠，万难不怕，不放过任何发展机会，开创出一片片发展新天地的勇气和精神，给中国，乃至世界都留下了极其深刻的印象。为了摆脱贫困，勤劳刻苦的浙江人什么苦都肯吃，什么脏活、累活都愿干，从事起各种别人瞧不起的下等活：弹棉花、补鞋子、磨豆腐、配钥匙、理头发、卖眼镜。20世纪80年代中期，浙江省外出到全国各地创业的人数达200多万，仅台州地区就有10多万豆腐大军活跃在北京城乡。”

从马云的话中得出这样一个结论，那就是成功的创业者大都有一个共同的特点，他们在创业的时候，非常吃苦耐劳，非常勤奋。因此，创业的成功不仅是需要大量的资金和强大的实力，同样也需要耐力，一种能克服万水千山的耐力。朋友如果你选择创业，那就请下定决心吧，排除万难。吃过的苦、流过的汗都是宝贵的财富。

吴水阁从10多岁开始谋生，艰苦创业，刻苦耐劳，终于成为新加坡第五大银行老板，而且还投资到橡胶种植、棕油等行业，现在已拥有实业有限公司(PanMalavan)、马来西亚种植股森美兰公司(NegeriSembirmOilPlam)、印尼维基尼亚橡胶公司等。不管是银行业，还是种植、加工业，吴水阁都勤于深入第一线。他虽然是老板，但每天上班总是比员工到得早。直到快90岁了，他仍坚持每天上班视察业务。他的这种勤劳精神，在无形之中对家族成员和企业员工产生了深远的影响。现在，已二代接棒的子女们，正把创业者的这种价值观渗透于家族企业行为之中，引导企业不断发展。

成功的创业者大都有一个共同的特点，他们在创业的时候，非常吃苦耐劳，非常勤奋。比如，南存辉，从昔日温州城内辛苦操劳的小小修鞋匠，几经奋斗终成资产超过亿万美元的浙江富豪，连续三度登上福布斯中国富豪榜。其中的跨度之大，变迁之巨，其实就是一部传奇。在这民营企业家群雄纷起的年代，外表儒雅的南存辉，骨子里流淌着古代将士的骁勇和不屈。

南存辉13岁初中刚毕业，父亲因伤卧床不起。作为长子，南存辉辍学子承父业，从此开始修鞋来贴补家用。13岁至16岁，南存辉每天挑着工具箱早出晚归，修了3年皮鞋。

南存辉没有放弃对社会的观察和思索。20世纪世纪80年代初，温州掀起一阵低压电器创业潮。1984年，南存辉找了几个朋友，四处借钱，在一个破屋子里建起了一个作坊式的 求精 开关厂。4个人没日没夜地干了一个月，做最简单的低压电器开关。尽管第一笔钱只赚了35

元钱。3个合作伙伴都沮丧极了，而南存辉却兴奋异常，因为他觉得自己终于找到了一条通往财富的路子。就从这35元的第一桶金中，他仿佛看到了创业的曙光。

1984年7月，南存辉与朋友一起投资5万元，在温州柳市镇上办起了乐清县求精开关厂，开始了他在电气事业里的艰难跋涉。

1991年，在与朋友合作创办的“求精开关厂”解体后，南存辉吸收弟弟、妹夫等家族成员入股，组建了典型的家族企业温州正泰电器有限公司，南存辉个人占股60%以上。到1993年，正泰的年销售收入达到5000多万元。锋芒初露的南存辉意识到，正泰要想继续做大，必须进行一次脱胎换骨的变革。于是，南存辉充分利用正泰这张牌，走联合的资本扩张之路。他先后将当地38家企业纳入正泰麾下，于1994年2月组建了低压电器行业第一家企业集团。然而南存辉在摸索中渐渐发现，家族企业的一个致命弱点就是无法更多更好地吸纳和利用优秀外来人才，而人才又是企业发展的第一资源。到1998年，几经思考的南存辉突破阻力，毅然决定弱化南氏家族的股权绝对数，对家族控制的集团公司核心层（即低压电器主业）进行股份制改造，把家族核心利益让出来，并在集团内推行股权配送制度，将最优良的资本配送给企业最为优秀的人才。就这样，正泰的股东由原来的10个增加到100多个，南存辉的股份下降至20%多。数十位百万“知本”富翁诞生了。家族色彩逐步在淡化，企业却在不断壮大，正泰目前已成为拥有资产30亿元、年销售额超过100亿元、年上缴税金逾5亿元的大型企业集团。

创业的成功不仅是需要大量的资金和强大的实力，同样也需要耐力，一种能克服万水千山的耐力。朋友如果你选择创业，那就请下定决心吧，排除万难。吃过的苦、流过的汗都是宝贵的财富。宁新院是山西运城著名的大胖涮锅连锁店的创立者。他就是靠“吃苦”二字携妻抱子，无本创业，始得正果。

1992年，家住山西运城龙居镇的宁新院盖起了新房，但盖房使他背上了几万元的债务。为了还债，他决定进城做生意。在举目无亲的运城，他与怀抱两岁儿子的妻子走遍了大街小巷，最终决定和妻子到夜市去卖面食。经济拮据的宁新院靠着离家时从乡亲那里借来的几百元钱，购置了灶具、碗筷、面粉和肉菜，开始练摊。起初，宁新院赔本赚吆喝，他把炖好的砂锅肉面送给商店，把一碗碗面条送给摆摊人，把白馍夹肉送给拉平板车的穷苦人。在送饭时他们态度和蔼，要大家品尝，不收分文，只听意见。大家吃后觉得味道好，称他是个心诚的人，并开始亲热地叫他“胖子”。这一策略很快收到效果，因为宁新院给人送饭时，来往行人都以为这些饭菜是别人订做的，可见摊主手艺一定不错。于是宁新院的生意越来越好。后来，他向穷苦人卖面时，总要卖一大碗，再送一小碗。如此这般，“胖子东风带挂”的美誉不胫而走。

经过一番辛苦的积累，宁新院把已经做出了名的面食摊子盘给了别人，揣着一笔钱，接手了一家生意非常冷淡的涮牛肚店，从而有了自己的店面。靠一个“诚”字，也靠以前积累下的好口碑，宁新院接的这个烂摊子很快也火爆起来。有一天晚上，一个经常光顾他小摊的老中医和他讨论起涮锅配料的问题，使宁新院获益匪浅。经过不断请教，他逐渐认识到食疗文化大有可为并形成了自己的秘方，从此生意又好于从前。民间后来把此事流传为 胖子 遇到了一个白胡子老汉，传他一剂良方云云。后来，宁新院先后拜访了60多位老中医，得到了不少好的配方。终于，宁有了自己的 涮锅城 ，并在1998年申请注册了“大胖”涮锅图文商标，成立山西运城大胖饮食有限公司。公司成立后，迅速在全国发展了185家连锁店，遍布全国13个省、市、自治区。

吃苦耐劳是大多数创业者的一大竞争优势，也是初创企业长远发展的重要保障。李嘉诚从当茶馆跑堂开始，王永庆16岁卖米为生，霍英东20岁就有了南沙群岛冒险采海草的经历。印度尼西亚富商林绍良在回忆自己从 单车跑街的小贩 开始干起的经历时，总是教导家族成员和企业员工要勤苦耐劳，不要背弃吃苦耐劳原则。他常常骑着单车，跑到六七十公里外的三宝垄市，在那里兜售咖啡粉。更准确地说，在20世纪30年代里，林绍良还只是一个小伙计或者跑单帮、出卖劳动血汗的人。他每天必须在三更半夜大地一片黑暗的时候就起身，用手工磨碎咖啡豆，然后用旧报纸分包成一盎司，或者半盎司的小包，跑到遥远的三宝垄去辛苦地转售。可以说，他们这些成功创业者的杰出代表人物，都是用辛劳的汗水奠定了自己的基业。他们艰苦奋斗的经历，早已演绎为一种人生观和价值观，传给了家族成员和企业员工，成为企业奋进的动力。对此，《财富》杂志对世界500强企业的CEO做过一次关于什么是使企业基业长青的最佳方法的调查，有72.65%的CEO认为，是企业员工的吃苦耐劳，以及不断地创新。

王金祥是下关区惠民桥市场上的水产冷冻品经营大户。眼下，他拥有面积100多平方米的经营门市部，另有储存量上百吨的冷冻品仓库，经营鱼、虾、贝类等海鲜和牛羊肉，品种包括三文鱼、银雪鱼、北极贝、黄花鱼、对虾、基围虾、南美白虾等280多个，每年的销售额相当可观。回顾自己走过的创业之路，王金祥感慨万千，他说，创业20多年来，什么样的酸甜苦辣都品尝过，如今的家业和幸福美满生活，是“穷则思变”的结果，是艰苦创业的结果。

王金祥走上自主创业的道路，源于对幸福美好生活的向往和追求。他自小家境贫寒，因家中人口多收入低，一直过着吃不饱穿不暖的日子。1976年，高中毕业后在家待业已经有3年时间的王金祥，有幸被分配到下关区饮食公司就业，捧上了“铁饭碗”。他的具体工作就是做早点，每天凌晨就要起床，每月收入微薄。虽然王金祥就业了，但全家的生活状况并没有得到根本的改善。当时，王金祥给自己算了一笔账：一个月几十块钱，一年才有几百元，干一辈子又能拿多少钱?

1979年，中国改革开放开始起步，针对中国老百姓生活普遍贫穷的现状提出了让一部分人先富起来，鼓励老百姓自主创业，走勤劳致富的路子。在早点店工作了几年的王金祥当时想，单凭自己在早点店工作的那么一点工资收入，要想过上好日子是不可能的，想成为“先富起来”的人更不可能。要想富裕，只有靠自己去创业了。这一年，王金祥勇敢地走上了创业之路。每天上班时，他在早点店做早点，下班后，他来到惠民桥市场，做起了生意。创业之初，他做的是贩卖鱼虾的生意，将渔民和农民送到市场销售的鱼虾整批买进，再在市场上摆摊零售出去，从中赚个差价。做这种生意很苦，但王金祥看到的却是甜头，有时卖一天鱼虾，能够赚到十几块钱，这可是相当于他当时半个月的工资。

1988年，在惠民桥市场上摸爬滚打了近10年的王金祥，果断地在单位办理了“两不找”，即自己不上班，也不拿工资，仅保留公职直到退休。从此以后，王金祥就一门心思在市场上打拼起来，生意越做越大，收入越来越多，真可谓是放下了 铁饭碗 ，捧上了 金饭碗 。

做了多年的鲜活鱼虾生意，王金祥在南京地区拥有了一批包括一些知名宾馆饭店和大企事业单位在内的老主顾，生意熟门熟路，每年的利润也有保证。但王金祥并不满足。他经过多次调查和思考后发现，南京地区夏季高温时间长，鱼虾保活保鲜难度大，要想把生意再做大一点，十分困难，但如果改做水产冷冻品生意，就不会受到这个限制了。深思熟虑之后，王金祥大胆做出决定，改行从事水产冷冻品经营。从1994年期间开始，王金祥投入资金设立水产冷冻品经营部，在惠民桥市场上率先做起了水产冷冻品生意。为了组织最好的货源，他不辞辛劳，经常奔波在江苏、山东、广东的沿海地区，到海鲜产品的养殖和捕捞现场，采购到鱼虾、贝类等，然后就地加工成冷冻品后，运到南京市场上销售。为了确保冷冻品的保鲜，他投入资金在市场上建设了自己的水产冷冻品仓库。

抓住水产冷冻品生意的机遇，给王金祥带来丰厚的回报。在做水产冷冻品生意的头几年，因为市场上很少有人做，王金祥的生意特别红火，各种海鲜冷冻品经常是供不应求，深受宾馆饭店和单位食堂的欢迎。在王金祥等人的带动下，惠民桥市场的水产冷冻品经营户越来越多，由当时的几户发展到上百户。虽然现在的水产冷冻品生意利润比开始时低了许多，但因为生意规模大了，通过薄利多销同样也能赚大钱。

王金祥自主创业不仅使自己的小家过上了富裕的生活，还带动几个兄弟一起致富。王金祥上有一个哥哥，下有三个弟弟，以前均在企业工作，收入不高，生活不富裕。当兄弟几个看到王金祥创业致富后，先是利用业余时间来帮忙打理生意，到了后来干脆加入其中，成为王金祥的助手。王金祥则担任经营负责人，全面负责经营和管理。兄弟几个经过多年时间的合作，家家过上了小康生活。此外，王金祥的水产冷冻品经营部还解决了社会上10多名下岗待业人员就业，每年为他们带来上万元的收入。

在谈到创业之苦时，王金祥认为，要创业就得准备吃苦。想当初贩卖鱼虾时，不管是冬天还是夏天，不管是下雨还是下雪，每天都得深更半夜起床，打点生意。但随着创业的成功，自家的生活一天天好起来，心里感觉乐滋滋的。人吃那么大的苦图什么？不就是图过好日子嘛。对我来说，成功就是甜，赚钱越多精神越愉快。

由此可见，创业者吃苦耐劳是一个企业发展壮大的关键因素。当然，吃苦耐劳不是那种蛮干的传统思路，而是依据事业在市场上的种种问题做针对性地改变，然后再选择性地拟出自己的计划和决策，从而实现自己的盈利之路。

创业要吃得起苦与亏

我觉得互联网对整个社会或者经济的影响是全面的，几乎是全覆盖的没有什么死角。所以我们只是看到早期的时候或者说过去 15 年，慢慢我们看到，零售大步大步的转到互联网上，我们看到媒体越来越互联网化，我们看到金融逐步的开始接受互联网，下一步我们会看到服务，现在很多创业型的公司都在做，包括 BAT 都在做，但这还是刚开始。

大家其实还是要解决这里面的效率不够高的问题，这一个餐馆每天上座率 30%，如果你能让他上座率提到 80%，那么他赚到的钱就很多很多了，比如他 30% 的时候收入一万块钱，80% 的时候变成五万块钱，但是他的成本其实没有等比例增长，这样他的收益就变得更大了，而这些资源的利用率也变高了，那些桌子、凳子放在那没有人用这也是一种浪费，现在所有服务业都面临这种问题。飞机有多少空座位，卡拉 OK 早上8八点钟的时候没有人唱，电影下午两点钟的时候只有 50% 的人在看，我们都在解决这些问题。如果有了百度外卖的话，餐馆可以卖出更多的菜，通过互联网效率更高。

未来，对于全部的任何一个行业，我们都会看到用互联网方式再做一遍效率就提高了，而这是互联网对人类最大的贡献，而不是技术在极客圈里产生了什么影响，工程师的行为发生了什么改变，而是全社会的每个人因为移动互联网发生了什么改变。

我希望用自身的能力改变这个世界。不管外界有多少人不理解自己的想法，我就认定了这事儿，靠自己的能力改变这个世界，而今天的中国不仅可以做纯技术改变这个世界，也可以跟传统产业结合改变世界，我觉得对这些极客有特别特别多的机会，可以说这是个魔幻般的时代，真的有很多事情可以做。

1998年，由于管理理念和管理模式上的冲突，牛根生无奈挥泪离开伊利。离开伊利的牛根生到了北京大学，整天骑着一辆自行车穿梭于各个教室之间。当牛根生坐在教室里听课的时候，坐在他旁边的都是18岁左右的学生，牛根生当时已经40岁。“我当时也不知道是光荣呢还是可耻？到了北大，人家问你是干啥的？整天跟一些小姑娘和小伙子坐在一起，看起来不和谐啊。好在我在社科院有一个文凭，当时办的是教师进修，我就自封了一个‘访问学者’。”

坚韧乐观的牛根生慢慢地融入了校园生活当中，当起了学生，也圆了自己的大学梦。在北大期间，牛根生做了大量的调查研究. 听了许多经济学家的课，思考自己不知道的东西，不懂的就问，不知道的就学。北大的经历让牛根生重新审视自己在伊利16年来的经验教训，让原本在企业中形成的应激反应模式转换成理性的思维模式。

离开伊利的牛根生也曾去过人才市场找工作，但是40岁的年龄即使经验再丰富，能力再过硬，也是用人单位的一个禁忌。于是，牛根生和一帮后来被伊利免职或主动辞职，跑来投奔他的老部下们紧密团结。破釜沉舟，决定再打造一个乳制品龙头企业，那就是后来的蒙牛。41岁的牛根生从此开始了他平生的第一次创业，而这第一次创业或许牛根生自己都不知道若干年后，蒙牛这个名字会享誉中华大地。

创业艰难百战多。就在呼和浩特市一间53平方米的楼房内，牛根生从家里搬来了沙发、桌子和床，蒙牛的发展奇迹从此拉开战幕。

牛根生知道自己最大的短处是“无市场，无工厂，无奶源”．他也知道自己最强的优势就是“人才”。跟随牛根生的这批人原先都是伊利液态奶、冰激凌、策划营销的一把手，他们在生产、经营、销售、市场、原料设备方面在行业内都是顶尖的人才，牛根生决定采取“虚拟经营”的方式，用“人才”换“资源”。

1999年2月，牛根生经过秘密谈判和哈尔滨的一家乳品企业签订了合作协议，通过牛根生团队的管理给这家企业带来很好的效益的同时，蒙牛产品也由这家工厂“新鲜出炉”。牛根生深知要想企业有长远的发展必须拥有自己独立的生产基地，于是同样是在1999年，牛根生在距离呼和浩特和林格尔县一片荒凉的不毛之地上热火朝天地建起了自己的工厂。就这样，牛根生凭借在伊利积累的丰富的管理经验和愈发理性的管理思路，广泛的人脉资源，加上优秀的人才储备，以及他对乳制品的特殊理解，蒙牛这个名字开始逐渐地走入人们的视野。

在以牛根生为核心的蒙牛团队的领导下，蒙牛从最初的乳业后起之秀，发展到了至今人人皆知的名牌。蒙牛销售收入从1999年刚成立的0.37亿元飙升至2007年的200多亿元，年平均发速度高达238%。曾创造过在诞生之初1000余天里平均一天超越一个乳品企业的营销奇迹。“蒙牛速度”，成为中国企业的一面旗帜。

从牛根生的创业经历我们不难理解，在创业路上，大多数创业者都吃过不少亏，不过创业早期吃亏不算什么，早吃亏总比晚吃亏强！创业早期的亏一般都不大，吃亏也赔得起，但是，像一些年轻的创业者，不吃亏往往不长记性！不过最好还是少吃亏，要争取做到吃小亏，学大经验，长大记性！吃亏不可怕，可怕的是同样的亏有的人吃两次或两次以上。在商场上太容易相信人，一片善心往往换来一个暖醒的僵蛇，这对于创业者是最痛心的一种感受。对此，马云非常赞同牛根生的吃苦和吃亏精神，对于这个问题他曾在中央电视台《赢在中国》栏目点评时回忆说："不过我仍要感谢在我创业中上曾经帮助过我和欺骗过我的所有人，感谢他们让我快速成熟起来。"马云现在已经今非夕比，事实上，连马云都说曾经被3家公司欺骗过。虽然那3家公司现在都已经不存在了。但是，马云仍然在中央电视台《赢在中国》栏目点平时说感谢他们，"吃亏是每一个创业者必须走过的一个历程，只有谨记那些曾经欺骗过他们的人，从而从他们身上学到更多的防骗能力，才是最有效的吃亏精神。"

在经营的过程中，牛根生发现，在创业路上，做人其实也可以"主动吃亏"的，因为做人比做事要难。在这里需要强调的是，但凡创业者有"主动吃亏"的心态，那么创业成功的概率将大大增加。其实，创业成功也并不难，难就难在大部分创业者总是喜欢占别人便宜，不喜欢吃一点亏，结果很多合作就此而终止。一些聪明的创业者通常让合作者占一点便宜，换来长久的合作。其实，合作者今天占你一点便宜，他心里多少也会过意不去的，他们会在恰当的时候回报你，这就是聪明的创业者"吃亏"之后所占到的"便宜"，这也是这样的创业者大都会成功的一个重要原因。

和牛有着不解之缘的牛根生，最初是不姓牛的：他1958年出生，刚满月的时候，家里就以50块钱把他卖给了一户姓牛的人家，这户人家希望这个买来的孩子能够给他们的家族栽根立后，所以起名“牛根生”。谁会想到如今这位蒙牛乳业集团的董事长，最开始的身价竟只有50块钱，但是牛根生自我调侃：“如果没有那个价，可能也没有我的现在。”虽然成长在养父母家里，他们对牛根生的管教非常严格，牛根生小时候也因为养父母的历史问题经常遭人欺负，但是牛根生从心底里感谢他们，“我的父亲养牛送奶38年，我是子承父业；我的母亲给了我教育，她嘱咐我的两句话终身难忘，一句是‘要想知道，打个颠倒’，多想想别人的疾苦难处，你就知道该如何为人处事；另一句是‘吃亏是福，占便宜是祸’，宁愿亏自己不要亏大家。”

在母亲的影响下，牛根生在童年时期就形成了“财聚人散，财散人聚”的观念，学会了感恩，感谢生命中遇到的人和事，不管好的、坏的，都会使人受益。妈妈给他一两毛钱，他分给伙伴们花，结果大家都乐意听他指挥，一起去教训欺负过他的“混小子”。这时候，他第一次体会到了“人聚”的力量。从此他就在不知不觉中养成了自己吃亏的习惯，也正因为如此，他才能号令群小，领导才能逐步显现。

1978年，牛根生20岁，子承父业开始养牛。1983年进入伊利的前身——回民奶食品总厂。在伊利，他从一个洗瓶工干起，靠着自己与众不同的品行，又从班组长、工段长、车间主任、分厂副厂长、分厂厂长，一直做到生产经营副总裁。

从上述案例中可以理解牛根生对创业者提出的忠告：“要想创业成功，必须肯吃亏，肯吃苦，不要把自己想得很伟大。”因此，在创业的路上，“主动吃亏”，这一点创业者一定要牢记，因为这是积累工作经验、提高做事能力、扩张人际网络最好的方法。对此，牛根生提醒那些正在创业，或者即将创业的人：“我就希望自己同样的亏不要吃两次！吃亏不丢人，丢人的是，自己吃亏了还不长记性；丢人的是，吃亏了不分析自己到底为什么吃亏；丢人的是，把吃亏的全部责任归结到别人。为此，同样的错误只要创业者别犯两次，就是一个不错的创业者！再怎么商场如战场，如果丢掉所有的原则，赚黑心钱我感觉也是很可悲的，只是希望到年龄大时不要老去烧香拜佛，国家的慈善事业也不需要你的钱！”对于吃亏，胡志标也深有体会。有人说胡志标的失败和爱多的没落是因为争夺标王，其实不对。胡志标的失败是一个典型的因为心态失衡而导致行动错误，最后招致失败的案例；而爱多的死，同样是死于一个企业家的心态失衡。说白了就是“没有吃亏”的精神。

胡志标出身贫寒。他曾经仿照小霸王做学习机，被段永平派人上门打假，胡志标视为奇耻大辱。1995年的一天，胡志标在一家小饭馆里听到有人谈论一个叫做“数字压缩芯片”的技术，据说可以用来放影碟。胡志标的命运从此发生转变。1995年7月20日，胡志标26岁生日那天，广东爱多电器有限公司正式成立。公司有3个股东，胡志标和他儿时的玩伴，也是他的好朋友陈天南各占45%的股份，另外10%的股份由中山市东升镇益隆村以土地入股获得。据说胡志标和陈天南当时各入股公司的本金只有2000元。胡志标是一个经营的天才，而他主打市场的手段便是广告。他的所有的智慧和创业好像也都体现在广告上。

胡志标将公司的钱，除了留下买原材料的外，其余全部投入到广告中。这使爱多的名声在全国迅速打响。1996年11月，爱多以8200万元人民币获得了中央电视台广告招标电子类的第一名，而据说其时爱多全部的资产也只有6000多万元。过了一年，1997年11月，爱多又以2.1亿元的出价获得了中央电视台第四届广告招标的“标王”，全国轰动。那时候是爱多最好的时候，也是胡志标最好的时候。爱多日进斗金，胡志标喜不自胜。

但是乐极生悲，胡志标的烦恼也就自此来了。大概连胡志标也没有想到，自己会如此轻易地获得成功，爱多竟然会赚这样多的钱。爱多公司另一位与胡志标并列的大股东陈天南，从来不过问公司的事，却以2000元的出资，每年坐收其利地获得爱多45％的红利。这使胡志标心理很不平衡。他先是指使他的总经理助理，当时兼管爱多财务后来成为他的妻子的林莹封锁财务，不让陈天南查账；后又在中山成立了几家由自己担任大股东的公司。这些公司与广东爱多电器公司毫无关系，却盗用“爱多”的招牌，连注册资金也是从其和陈天南、益隆村共有的广东爱多电器公司挪用的。胡志标成立这些公司的目的不言自明，利用关联交易转移资产。

这些事引起了陈天南的强烈反弹。陈天南先是发“律师声明”，后又与益隆村联合起来进行逼宫。1999年4月，胡志标被迫从广东爱多电器公司董事长和总经理的职位上“下野”。但富有戏剧性的是，在将胡志标拉下马来以后，陈天南和益隆村却因不懂经营，同时迫于经销商的强大压力，仅仅过了20多天，他们又将胡志标扶上马。

经此一役，爱多元气大伤。最主要的是，坏了爱多的声誉，伤了经销商的信心。在爱多红火的时候，要成为爱多的经销商并不容易。获得了爱多的经销权，就等于是获得了银行转账支票。所以，爱多的经销权争夺得十分激烈，成为爱多经销商的人，大多都付出了300万元至1000万元的费用，胡志标叫做保证金。这是胡志标的发明。这种做法为爱多前期的发展做出了巨大的贡献，但在后期也给爱多带来了无穷的麻烦。另外一方面，爱多实行两头在外的政策，不但原材料大部分是赊购的，就连生产也大部分由协作厂家完成。在后期，爱多对应付的货款，能拖就拖。2000年，中山市政府委托有关部门对爱多进行审计，发现爱多共有固定资金8000万元，库存物料近2亿元，负债却达4.15亿元，当爱多最终被正式破产清算的时候，爱多各项实物资产加起来还不到2000万元。

从爱多的实际情况看，是不应该有这么多债务的。爱多的生产经营、市场营销一直到破产前，都保持着正常状态。就是在风波不断的1998年，爱多仍然在旺季脱销，可见爱多产品是自始至终受到消费者欢迎的，而爱多以150万元年薪请来的香港人李福光，一直将爱多的生产保持得井井有条，到爱多破产前夕都是如此。

爱多去向不明的近1亿元资金，多数人都相信是落到了胡志标的手里。但有朋友去狱中看望胡志标，却发现在如此秋凉的天气里，胡志标仍然穿着一件短袖T恤衫，他连买一件厚一点衣服的钱都没有。他的妻子林莹在他出事以后也化名杨敏在昆山的一家台资企业里打工，后来被昆山警方逮捕。从这些情况看，胡志标夫妻现在又不像是有钱的人。

2000年4月，胡志标以空头支票诈骗的罪名，由汕头一家公司举报被捕。2003年6月，胡志标被中山法院以“票据诈骗罪、挪用资金罪、虚报注册资金罪”三罪并罚，判处有期徒刑20年。没有人想到一代标王会落个这样的下场。其实胡志标有许多的方法可以化解与股东之间的矛盾。他可以收购陈天南手里的股份，陈天南后来曾经提出以5000万元向他转让自己手里的股份，胡志标却没有答应；他还可以与陈天南、益隆村摊牌，亲兄弟明算账，然后各走各的路；他也可以将自己在爱多的股份转让给别人，然后自己再去另支一摊。总之，办法多得是，可惜这些办法胡志标一条都没有采纳。可能在他心里就是不愤陈天南什么都不干，却拿走那样多的钱。他就是要陈天南的好看，结果心理失衡，把自己搭进去了。

事实上，胡志标并不是唯一一个因为“缺乏吃亏精神而失败的企业家”，我们从三株创始人吴炳新、“傻子瓜子”的创始人年广久等企业家的身上都可以看到“缺乏吃亏精神”带来的恶果。做企业的人要保持一个能吃亏的心态，因为思想决定行动。心态不对，行动就容易错误，最后毁人毁己。但是企业家要保持一个吃亏的心态不容易，尤其是涉及利益格局和利益分配的时候。相反，如果具备吃亏的精神，那么你的创业路径将大大拓宽。

古人云：“德者才之帅，才者德之器。”“德”与“才”是根本不同的两回事，“才”指聪明才干，“德”指品德情操。“才”胜过“德”是小人，害人害己；“德”胜过“才”是君子，利国利民。

对亨利·霍金士这个刚创业不久的人来说，赚钱本是美国亨利食品加工工业公司快速发展的一个重要因素，然而，亨利·霍金士选择了宁愿自己吃亏，哪怕面临企业倒闭的危险，还是选择了告诉顾客，起保险作用的添加剂有毒，尽管毒性不大。事实上，我们研究发现，成功的创业者总能从吃亏中到学到智慧。“主动吃亏”也是一种哲学思路，其前提有两个：一个是“知足”，另一个就是“安分”。“知足”则会对一切都感到满意，对所得到的一切，内心充满感激之情；“安分”则使人从来不奢望那些根本就是不可能得到的或者根本就不存在的东西。所以，表现上看来“吃亏是福”以及“知足”、“安分”会给人以不思进取之嫌，实际上，这些思想也是在教导人们能成为对自己有清醒认识的人。

“主动吃亏”，这一点你可一定要牢记，因为这是积累工作经验、提高做事能力、扩张人际网络最好的方法。成功需要有一定的智慧，而“主动吃亏”就是智慧的表现。吃亏是一个创业者必须经历的过程，只有经历过这样的过程，成功的概率才会比那些贪小便宜的创业大大提高。

创业要有坚定的毅力

创业是一个非常艰辛的过程，创业者不仅需要百折不挠、坚持不懈的毅力和意志，而且还要能够根据市场的需要和变化，确定正确而且令人奋进的目标，并带领员工战胜逆境实现目标。创业者必须有一棵永远持之以恒的进取心，三心二意，知难而退，或虎头蛇尾，见异思迁，终将一事无成。

一个成功的创业者，在意志品质上必须具备三个要素：

第一，志存高远，形成意志的自觉性。创业者对行为的目的与意义有着正确的认识，并以此自觉地支配自己的行为，实现创业的目标。

第二，历经磨练，提高意志的果断性。创业者具备以善于明辨为前提，不失时机地采取决定并坚决执行的品质。这种品质是以敏锐的洞察力和勇敢机智的应变力为条件。

第三，百折不挠，铸就意志的坚韧性。表现为创业者在执行意志决定过程中为实现创业目标，始终不渝地保持旺盛的精力，不畏艰难险阻，承担逆境压力，努力实现目标。

阿里巴巴的宗旨是让天下没有难做的生意。

2007年8月12日，阿里巴巴正式开始上线运营。之后，在中国原本平静的网络广告市场中，多了一个搅局者。对于竞争者来说，可能用这个词语来形容阿里巴巴最为恰当。不过，对另一个群体——众多个人网站与博客主们而言，他们更愿意用另外一个词语“救世主”来形容阿里巴巴。

阿里巴巴在上线当天便公开了网站的使命：让天下没有难做的广告。在宣传片中，阿里巴巴更是直接喊出了再少的钱也能结算、再小的网站也能卖广告的口号。它第一次引入了广告是商品的概念，让广告首次作为商品呈现在交易市场中，让买家与卖家都能够非常清楚地看到对方，实现了真正的自由交易。

自早年进入B2B领域起，马云便说过这样一句话：听说过捕龙虾致富的，没听说过捕鲸致富的。之后，他又将龙虾理论发扬光大，如法炮制到淘宝与阿里巴巴的身上。很明显，他又开始撒网捕虾了。

理解了马云的这种逻辑，也就不难理解阿里巴巴的二八原则了。从全球范围来看，网络广告投放始终遵循二八原则。在中国，最受广告主欢迎的就是新浪、搜狐等门户网站与徐静蕾这种明星博客，也就是二八现象中的二。

阿里巴巴的出世就是为了挖掘二八原则中的八，解决大部分的市场问题，即小类群体间广告互通的问题。阿里巴巴打通了产业链的上下游，令渠道更加畅通。它根据庞大的市场需求建立了一个整合平台，通过平台提供的机会，将潜在的需求转换为现实的交易。

在早期，阿里巴巴提供的支付宝中介、自订价格、自由买卖等服务令个人站长蜂拥而至，在短短两个月的时间内便汇聚了数万家个人网站，为后期的发展打下了非常坚实的基础，而这些现象深层次的原因，是马云对团队精神的重视，还有对个人站长群的重视。

如今，阿里巴巴论坛的每日发帖量已经超过了5000帖，在中国，即使最火的站长论坛，每日的帖数也不到2万帖，先不说商业运作，单就阿里巴巴论坛那种服务到底的精神，就很值得许多网络企业好好学习。但正所谓木秀于林，风必摧之，阿里巴巴的征途并非一帆风顺，自诞生之日起就一直遭到竞争者的猛烈攻击。由于竞争者始终依靠关键词广告，不过，因为搜索结果页面空间的限制，他们的利益还是要依赖于自身的联盟站点。但是阿里巴巴却打破了这种传统广告联盟体系的权力结构，它正是要在这样的体系里领导穷人(个人站长)起来闹革命。由于网络广告市场伴随着精准的要求稳定前行，任何一点技术上的进步也许都会给整个市场局面带来巨大的调整，这让竞争者非常不满，想尽一切办法扼杀阿里巴巴。

既来之，则安之，阿里巴巴不但一心一意地进军广告领域，而且还以惊人的速度成长着，而广告聚合体这种概念，也让网络广告市场首次形成了买家与卖家共同分享的欢乐大结局。

阿里巴巴凭借让天下没有难做的广告这一设想，在网络广告界及整个广告市场上掀起了惊天巨澜。

在马云的办公室里，高高悬挂着金庸先生的亲笔题词——临渊羡鱼，不如退而结网。细细研究马云的成功轨迹，这个题词切中要害，这也正是马云步步成功的秘诀。

马云认为自己必须成功才能证明一切，他是个彻底的行动主义者。因为如果自己不用成功来证明，无论怎么说或者如何策划，别人都无法相信，那么就只有成功。

面对未来，马云豪气万丈。中国互联网从广告市场的争夺到短信息市场的争夺，再到网络游戏市场的争夺，他相信很快就要进入对电子商务市场的争夺。一直以来互联网的重要意义就在于：为客户和原厂商创造新的价值，并在此基础上，引发更大规模化的企业活动。

中国电子商务产业格局将发生巨变，一个新的互联网应用人群正在形成主流，互联网将由网民和网友时代进入网商时代。作为网商的代言人，阿里巴巴有一个使命，那就是要把互联网带入网商时代。

创业过程是一个长期坚持努力奋斗的过程，立竿见影、迅速见效的事是极少的。创业者的恒心、毅力和坚忍不拔的意志，是十分可贵的个性品质。遇事沉着冷静，思虑周全，一旦做出行动决定，便咬住目标，坚持不懈。在方向目标确定后，创业者就要朝着既定的目标一步步走下去，纵有千难万险，迂回挫折，也不轻易改变初衷，半途而废。

2004年7月，亚洲互动传媒在英属百慕大群岛设立。亚洲互动传媒自称是“中国提供跨媒体平台电视节目指南解决方案的领导者”，其销售收入中，以电视广告代理业务为主，TVPG(电视节目指南)和EPG(电子节目指南)为辅。

2005年10月，公司获得红杉资本的投资。在红杉资本之后，亚洲互动传媒先后吸纳了多家资金。2007年4月，亚洲传媒在东京证券交易所上市，根据其上市《招股说明书》，2005年该公司净利润达到4.65亿日元(约3000万元)，净资产18.97亿日元(约1.26亿元)。但仅过了一年，就令人哑然地无奈退市。

导火索是由于亚洲互动传媒的会计师事务所拒绝为其2007年年报出具审计意见，并暴露出了其CEO崔建平挪用公司资产的丑闻。亚洲互动传媒的退市，让11家财务投资人同时失手，退出平台。

随后，公司尴尬退市，红杉资本创始合伙人张帆也引咎辞职。

不少人想当老板而又没有去当老板，他们常常挂在嘴边的三个理由是：缺乏资金、没有路子、从未干过。因此，有了意愿和方法以及正确的方向，也不一定能够实现目标，因为太多的人是根本没有毅力的。创业情绪控制与增强毅力的方法有以下几种：

（1）树立正确的创业心态。停止猜想，面向实际；暂停思考，多去感受；不要先下判断先发表意见；不要盲目地崇拜偶像和权威；我就是我，对自己负责。

（2）养成健康的生活方式，建立完善的工作流程日志，使工作更加有条不紊；拓展新的人际关系，结交新的朋友；经常性运动，每周健身3次，控制体重，保持7—8小时睡眠；使饮食更加规律，一定要吃早餐，正餐之外，不吃零食；至少掌握一种自我放松的技巧；定期制定一份休闲旅游计划，保持快乐期待；尽量抽出时间，去学习你一直想拥有的某种技能或知识，终生学习。

（3）善于自我心理的调适承认现实处境，控制情绪；通过与人坦率倾谈、从事艺术创作、体育锻炼活动释放等方法，合理宣泄和疏导情绪；转移注意力，暂时脱离挫折情境；认识真实自我，以乐观豁达的心态对待挫折；投入到新的事业领域，重塑更加成熟的人格。

（4）培育优良的意志品质意志诸如自觉性、果断性和坚韧性等意志品质，影响着成功的效率和品质。

一个成功的者，在意志品质上必须具备三个要素：

第一，志存高远，形成意志的自觉性。应对行为的目的与意义有着正确的认识，并以此自觉地支配自己的行为、实现的目标。

第二，历经磨练，提高意志的果断性。应具备以善于明辨为前提，不失时机地采取决定并坚决执行的品质。这种品质是以敏锐的洞察力和勇敢机智的应变力为条件。

第三，百折不挠，铸就意志的坚韧性。应在执行意志决定过程中为实现目标，始终不渝地保持旺盛的精力，不畏艰难险阻，承担逆境压力，努力实现目标。

第三章

互联网时代的创业心态

在互联网时代，创业是一个艰险的过程，任何人在走上创业之路前都应该有充分的思想准备，创业之路其漫漫也，有正确的心态将会起到很重要的作用！创业者在投身创来之前，应该先确定自己为何而创业，接着就要设定目标，针对不同的创业需求拟定短期、中期、长期的目标。当老板不同于当雇员，老板必须对销售、税务、广告、管理方面都能有所掌握与了解，自己创业肯定会比受雇于人更辛苦。健康的心态也将是推动成功创业的一个重要因素。特别是当创业面对失败时，创业者也要有良好的心态。

创业的心态

关于创业者的心态问题，我们来回顾一下中央电视台《赢在中国》第三赛季的现场。

中央电视台赢在中国第三赛季36强洪贵宾，30岁，来自福建，高中学历。曾经当过乡村医生，做过外企主管，开办过电气公司。2006年独自创业，创办了一家医疗保健公司，任该公司总经理。

洪贵宾的项目是个人健康账户的管理与服务，具体的服务是通过固定体检中心，和流动体检车的服务，来对个体以及企事业单位的人群进行体检。然后采集到相应的健康数据，为个人建立健康账户，然后由我们的健康管理团队，对他的健康数据做一个基本的评估，对他的生活方式进行优化。

俞敏洪对此评价说："你的核心竞争力，其实我刚才已经说过了，用仁慈和关怀为基础，来打造你的企业和你的企业文化。让你所有的员工都要知道，我们不仅仅是赚钱，我们是用佛陀的心态在做事情，挽救人民对于生老病死的恐惧，并且挡住这些生老病死的来临，让人们过上更加幸福快乐的生活，这是真正的核心竞争力。你的问题我觉得，勇气和拼命精神可能还不是很够，就是用这种正确的价值观，去打拼市场、勇往直前，我还从你的表述中间没有看出来，当然现实中间有可能是跟我说的相反的，但是我只能说我看到的东西。”

郑女士和崔女士同样在市场上经营服装生意，她们初入市场的时候，正赶上服装生意最不景气的季节，进来的服装卖不出去，可每天还要交房租和市场管理费，眼看着天天赔钱。这时郑女士动摇了，她以认赔3000元钱的价钱把服装精品屋兑了出去，并发誓从此不再做服装生意。而崔女士却不这样想。崔女士认真地分析了当时的情况，觉得赔钱是正常的，一是自己刚刚进入市场，没有经营经验，抓不住顾客的心理，当然应该交一点学费；二是当时正赶上服装淡季，每年的这个季节，服装生意人也都不赚钱，只不过是因为他们会经营，能够维持收支平衡罢了。而且，崔女士对自己很有信心，知道自己适合做服装生意。果然，转过一个季节，崔女士的服装店开始赚钱。三年以后，崔女士已成为当地有名的服装生意人，每年可有5万元的红利。而郑女士在三年内改行几次，都未成功，仍然穷困潦倒，一筹莫展。

创业，需要创业者不断地追求与努力。俞敏洪强调，事物都有其两面性，问题就在于当事者怎样去对待它们。上面提到的郑女士只看到赔钱的一面，而看不到将来会赚钱的发展前景，不能以积极的态度去分析事物；而崔女士的态度则是积极的，她更多地从将来的角度看待当前的不景气，所以，她能顶住压力，坚持到成功。确实，每个人都怀揣着一个梦想，梦想是创业者的希冀，它引领创业者奋发进取，踏平坎坷，品味成功。既然选择了创业，那就该风雨兼程。在创业中，必须毫无怨言，勇敢地经受着每一次困难和压力，以坚定的意志，执著地追求着梦想。

在创业过程中，创业者随时都会碰到困难和挫折，甚至还会遭遇致命的打击。在这种时候，心态的积极与消极会对创业的成败产生重大的影响。《商业周刊》在对1500名成功者做过一个“创业在挫折中最需要的是什么”的调查时，调查结果就是良好的心态。事实上，只有良好的心态，才能使创业者在残酷的竞争和漫长的等待中取胜。

实践证明，创业者只能在一次次的打击之后再坚强地站起来，去训练、培养良好的心态，创业者才能以一个更好的状态迎接未来的挑战。纵观世界上的富豪，他们几乎全都是白手起家艰苦创业，又在遭遇了一次次毁灭性的打击后东山再起。如果他们都一蹶不振，那先前的失败不但不会成为他们的宝贵财富，还会成为千斤巨石，让他们从此之后无法翻身。

吴欣鸿是美图秀秀创始人，估值30亿美金。吴欣鸿曾创办520社交平台，后停止运营。

1999年的时候，上高中的吴欣鸿看到了一则新闻：一个叫“business.com”的域名，在美国卖了750万美元。于是便从家里借了一万元钱，开始投资域名。凭借这个投资，他赚到了一些钱，并结识了后来的投资人蔡文胜。

2002年，已经辍学在家的吴欣鸿发现了一个好域名：520.com，于是他准备山寨腾讯，通过会员费来收钱，即你只有是付费会员的时候，才能获得对方的线上联系方式。

在做了两年之后，520积累了几十万付费会员，但由于产品和运营都跟不上，所以大多数会员仅付费一个月就停止使用了。所以，吴欣鸿被迫关掉520，将这个域名卖掉。

回顾这段经历，吴欣鸿总结出两个教训：

第一，逆向创业，即通过一个好域名来成立一家公司，完全不靠谱。

第二，更重要的是，自己很宅，当时不善交际，不知道用户的真实需求是什么，又何谈做交友网站呢?

有句话说得很好，思路决定出路！而思路的产生的一个很重要源泉，在于如何来正确看待、判断面对的现实与问题。因为一个正确、良好的心态直接影响到观察力与判断力。

离开企业的初期，本身就是怨气较多的时候；离开曾经的高位，本身就需要进行角色转换；离开一个相对成熟、很有规模的企业，天天看到的问题要远比想象中的多。此时一个新的企业主最危险的时候，因为当一种决策建立在“情绪”基础上，失败的几率是十分大的。

尤其是在互联网时代，如果没有良好的心态，也就不能理解互联+所以实现的层次。对这种层次，我们可以简单地将这一自下而上的演进过程概括为一个包含六个层次的模型。

第一层，终端互联。“互联网+”实现的物质基础，就是数量爆发增长、形式无限丰富的联网终端，将人与人、人与物、物与物实时连接。Gartner公布预测数据显示，到2020年，联网设备将达到250亿部，联网设备与人口比例接近3：1。根据艾瑞咨询的数据，2013年中国网民平均每天上网3.1小时，手机上网1.7小时。未来随着可穿戴设备的普及，人们可能实现24小时联网。终端互联，已经是现实。

第二层，数据交换。终端互联构建了一个足够大的平台，通过这一连接平台，网络内的人和物将所在场景属性数字化，实时交互。移动互联时代到来的标志之一，就是数据的爆发。根据IBM 2013年的估计，全球每天产生250亿亿字节的数据，而全球所有记录下来的数据中90%是在最近两年产生的。丰富多样的数据对应的是与人们的生产生活中的几乎所有场景，为我们理解自身、理解社会提供最直观的视角。

第三层，动态优化。远端的云依照不断更新的数据对联网场景的动态进行实时的分析解读，并给出解决方案。这一能力的基础是目前被寄予厚望的云计算和大数据技术。两者的叠加，解决了将数据转变为生产力的问题。

第四层，效率提升。造成浪费的低效重复运动被降至最低，体系单位的效率得以提升。优化的解决方案从数字变成现实，通过改变生产组织形式、资源配置方式，“互联网+”落地为实实在在的生产效率、生活便利。

第五层，产业变革。在微观层面上，动态优化的结果对生产组织形式产生深刻影响，引领产业变革。基于云计算、大数据的技术不再局限于某一个生产性环节，而是实现产业链上的多环节协同；甚至不再局限于某一个产业，而是跨产业链的多产业链多环节网状动态协同。不仅产业内的无效率被纠正，相关产业之间的无效率也被纠正。

第六层，社会转型。在宏观层面上，产业变革的综合结果最终体现为生产效率提升、人民生活水平提高、经济稳定可持续增长。“互联网+”不再简单局限于生产层面，而是从社会管理、日常消费、生活场景等各个方面协同，减少生产部门、消费部门、政府部门之间的资源匹配无效率，推动整个经济体、全方位的社会转型和发展。“互联网+”各子系统不断迭代，成为经济增长的不竭动力、社会创新的不竭源泉。

“互联网+”实现的这六个层次可以看作其定义的四个要素的具象化。第一层终端互联、第二层数据交换也即定义中所说的技术基础；第三层动态优化、第四层效率提升，是实现路径的详解；第五层产业变革，正是“互联网+”表现形式的外在；第六层社会转型，就是“互联网+”的理想，也是这一理想可能呈现出的最终形态。

美国成功学学者拿破仑·希尔关于心态的意义说过这样一段话：“人与人之间只有很小的差异，但这种很小的差异却往往造成了巨大的差异！很小的差异就是所具备的心态是积极的还是消极的，巨大的差异就是成功与失败。”事实上，一个创业者面对失败所持的心态往往决定他的命运。乐观的心态有有助的人们克服困难，使人看到希望，保持积极进取的旺盛斗志。昏暗的心境使人沮丧、失望，对生活和人生充满了抱怨，自我封闭，限制和扼杀自己的潜能。

美国宾州大学的塞利格曼教授曾对此作过深入的研究，他指出了三种特别模式的心态会造成人们的无力感，最终毁其一生。它们是：

（1）永远长存。即把短暂的困难看作永远挥之不去的怪物，这是在时间上把困难无限延长，从而使自己束缚于昏暗的心境不能自拔。

（2）无所不在。即因为某方面的失败，从而相信在其它方面也会失败。这是在空间方面把困难无限扩大，从而使自己笼罩在失败的阴影里看不到光明。

（3）问题在我。即认为自己能力不足，一味地打击自己，使自己无法振作。这里的“问题在我”，不是勇于承担责任的代名词，而是在能力方面一味地贬损自己，削弱自己的斗志。

所以，我们要劝诫创业者，当遭遇挫折时，特别是面对企业现金流减少、企业出现亏损或人力流失，有些创业者的心态可能会降到低潮期，甚至精神颓废。这时，调整“颓废”时的心态，要比调整“亢奋”时的心态艰难得多。一方面，应该找个恰当的方式将怨气彻底释放；另一方面，则应该认真审视自己的缺陷，以便形成对外部世界的正确认识。在创业的逆境中调整好心态，获得成功的几率也会更大。所以，良好的心态所带来的回报就会不期而至。

不断提高自我创业能力

事实上，要想创业成功，创业者就必须需要思想。当然，任何人的思想都不是与生俱来的。那么，思想从何而来？对于广大创业者而言，有一个路径可以获得，那就是学习。美国著名未来学家托夫勒强调：未来的文盲，不再是不识字的人，而是不懂得努力学习的人。对此，业内专家在“全球经济一体化企业管理创新高峰论坛”上接受一家媒体的采访时说道：“我现在几乎每个周末都要到清华大学去讲课。周末你到清华门口去看看，不少富人进进出出，他们都是利用周末来充电的。这一现象值得那些正在创业，或者已经创业的人学习。因为，企业发展到一定的时期，管理层素质如不提高，便会卡住，领导者不加强学习容易使企业衰败。因此，商场如战场，企业经营者就如指挥千军万马之将帅，有思想的将帅往往会占据有利的地形，最终取得战争的胜利。”

在中国历史上，就有这么一位，那就是春秋战国时期大谋略家的范蠡，他非常深谙此道。他以战略家的眼光，认为陶地为天下之中，诸侯四通，是理想的货物贸易之地。遂选陶地为营销点，果然，19年间他三获千金，成为世贾，陶朱公的美称也由此而饮誉古今，留名青史。对此，俞敏洪在中央电视台《赢在中国》栏目评点时强调：思想是人的翅膀，带着人飞向想去的地方。无独有偶，通用电气前CEO杰克·韦尔奇在接受《商业周刊》采访时给创业者忠告，他指出：我们每个人都拥有大脑，大脑是用来释放思想的，但我们常常陷入烦琐之中，却往往忽视思想的力量。不要低估了思想的力量，有了目标就要动用思想去指导。因为思想能够产生一种神奇的力量，它能使一个人改变自己的命运。

江西临川酒业有限公司老总杨灿龙只有初中学历。杨灿龙当过泥工、机修工、车间主任、副厂长、厂长。在企业20多年的摸爬滚打中，杨灿龙完成了知识积累，2000年成为中国人民大学MBA的毕业生。

洛克菲勒曾经说过："如果把我身上的衣服全部都剥光，一个子儿都不剩，然后把我扔到大沙漠去。这时只要有一支商队经过，那我又会成为亿万富翁。"

在创业的旅途中，运气绝对不能决定我们的创业成败，因为在创业中，　个项目的可行性研究至少要花二到三年的时间。当然，大多的商机可能是稍纵即逝的。对靠运气来创业的人来说，机会取向选择创业项目的做法，其成功几率是非常低的，也是很冒险的。即使你偶然成功了，你很容易把一些偶然的东西作为成功的经验奉为圭臬，这是很危险的。因此，对创业者来说，创业是需要投入全部精力去拼搏的，现在的创业者不同于上个世纪的创业者，新一代的创业者，发现新的盈利空间，开展非一般的事业，是现代人的选择。因此，个人能力是决定创业成败的关键因素。

作为一个创业者，只要我们提高了自己的创业能力，即使有一点倒下了，也能从零起步。这是天方夜谭吗？不是。因为对有的创业者来说，答案当然是肯定的，对有的创业者来说，答案当然就是否定的。区别就在于创业者的个人能力。对个人能力较强的创业者来说，这并非神话。相反，哪怕已经拥有了亿万富翁的万贯家财，没有能耐，也会败得一贫如洗。

1993年，在只有10平方米漏风的违章建筑办公室里，新东方开始了充满艰难的发展历程。在1993年冬天，俞敏洪自己拎着浆糊桶在零下十几度的冬夜去贴广告，把浆糊刷在柱子上，广告还没贴上去，浆糊就冻成冰了。更要命的是，当新东方在1994年有一点发展的时候，就跟别的单位产生了竞争，一有竞争，就产生了麻烦。比如说新东方广告员拿广告去贴的时候，别的培训部就拿刀子在等着你，说你敢贴我就敢捅了你，新东方的广告员是被人捅过的，进医院缝了好几针。俞敏洪当时花了很多时间，找公安管理部门跟他们协商，最后终于跟他们交上了朋友。

经过这样的摸爬滚打，俞敏洪从一介书生成长为能打理方方面面的合格“校长”。到1994年底，学校同期有2000人在读。那时，他又有了出国的机会，但是终究舍不下苦心经营的学校，留了下来。

1995年，学生已经达到1.5万人。这时候家里生活条件大大改善，原来一心想出国的妻子也发现这是一项很有前途的事业，开始全力支持俞敏洪。此时俞敏洪已经能够感受到教育产业的魅力，办学校的目的不再只是为了钱。有了稳固的后方和明确的信念，新东方步入了迅速发展的黄金时期。

美国《商业周刊》曾做过一项调查，结果显示，世界上95%的富翁几乎都不是父辈财富的继承者，而大多继承其父辈巨额遗产的纨绔子弟，都把遗产败得精光。这就是：没能力的人，“有钱”也要变“无钱”；有能力的人，“无钱”也能变“有钱”。因此，现在的世界大富翁们，如比尔·盖茨，沃伦·巴菲特等，都纷纷宣布把自己绝大部分乃至全部财产捐献给慈善机构也不留给下一代。在以前，笔者对此举动非常不解，当对中国家族企业做过深入研究后，忽然发现他们这样做的道理。在200多年前的中国，同样有一位古人值得我们提起，他就是时任钦差大臣兼两广总督的林则徐。

1840年，时任钦差大臣兼两广总督的林则徐在虎门销烟，这一抵抗英国鸦片入侵的壮举，赢得了国人的一片赞誉，却触犯了清廷主和派的利益。后来，1842年，道光皇帝在内外压力之下，将林则徐撤职查办，贬到新疆伊犁戍边。

1845年10月，道光皇帝在一些大臣的劝谏下，下旨将已经戍边3年的林则徐召回，让他待在甘州，协助陕甘总督布彦泰督署甘肃军务。1850年，咸丰皇帝即位后，将林则徐官复原职，让滞留在甘肃的林则徐担任云贵总督。

林则徐戍边新疆和滞留甘肃8年，其三子汝南和次子聪彝，一直随侍左右。现在，林则徐要当总督去了，考虑到手下已经有随侍人员，林则徐打发两个儿子回福建老家。布彦泰念林则徐在西北多年，少有积蓄，便以林则徐数年督署甘肃军务的名义追加发放了一部分饷银，让汝南弟兄带回家去。

当时，甘肃赈灾任务较重，林则徐留下这部分银钱，只让汝南弟兄带着少许盘缠回去。布彦泰知道后，摇头叹息，他问林则徐：“这是你应得的，你为什么不让他们弟兄带走呢？”林则徐笑着说：“我的饷银已经领取，追加就不必了。再说，子孙若如我，要钱干什么？是贤而多财，则损其志；子孙不如我，留钱做什么？愚而多财，益增其过。”

确实，个人的能力不是上天馈赠的，而是实事求是地干出来的，特别是在今天这个竞争无比激烈的时代。要想创业成功，创业者比拼的就是个人的能力。

如果我们要创业成功，我们就必须靠个人能力来说话，因为个人能力才是创业者证明自己实现自身价值的手段。只有个人能力，才能把人的差异越拉越大。同时创业的创业者，几个月就分出了差异；有的还没有开张就倒闭了，有的创业半死不活，有的则以超过火箭的速度发展。这还仅仅是开始。因此，创业者的个人能力决定创业成败，个人能力强的人则是事业和命运的主宰者。在这里，我们来看看耐克创始人菲利普·H.耐特是如何打败阿迪达斯的。

1960年，菲利普·H.耐特毕业了，期间他在一个调查报告中提到，很多体育名将和普通运动员其实都有一个共同的目标：打败阿迪达斯，让越来越多的运动员穿上日本生产的高质量低价格的跑鞋——Tigers（虎牌)。毕业后的耐特决定到日本去寻找一个机会。

在日本的展览会上，耐特碰到了日本的虎牌运动鞋厂家，他自称是来自美国的“蓝丝带运动公司”，刚好虎牌需要一个代理商来打入美国市场，于是就把代理权给了这个初出茅庐的小伙子。

拿到代理权的耐特立即找到了鲍尔曼，他们两个人出资500美元，组成真正的蓝丝带运动公司，成为虎牌运动鞋在美国的独家经销商，开始了最初的创业。这个“蓝丝带”就是“耐克”的前身。

不要套在创业的思维里

成语里有一句“艰难困苦，玉汝于成”，套在创业历程里，意思是说创业不易。现在流行“ 哭够了，喊累了，睡着了，睡醒了，酒醒了又像往常一样，又开始工作了。”其实就是创业者成功的辛酸史。确实，对于“艰难困苦是幸福的源泉，安逸享受是苦难的开始”这个问题，李嘉诚在接受《香港商报》采访时强调：”创业可以使人生的命运彻底改变，只有走到这一步才算是赚钱的开始。几乎所有的成功者都曾经历过艰难困苦的创业时期。创业是成功者的熔炉，是事业巨人成长的摇篮，是赢得财富的第一步。”吃得苦中苦其实是创业者的一种美德，对创业者来说，艰难困苦却是必须具备的品格。

胡杨树，或称“胡桐”。它和一般的杨树不同，能忍受荒漠中干旱、多变的恶劣气候，对盐碱有极强的忍耐力。在地下水的含盐量很高的塔克拉玛干沙漠中，照样枝繁叶茂。人们赞美胡杨为“沙漠的脊梁”。

胡杨树能够生而不死一千年，死而不倒一千年，倒而不朽一千年。为了生存，胡杨树长出不同的叶子，大叶子为了吸收阳光，小叶子为了减少水分的散失，叶片上有腊质，能够锁住每一粒水滴。

事实上，再没有什么树能够比胡杨更加坚忍的了。这种品德，难道不是创业者最需要的？所以有志于创业的人们，一定要明白为创业积累资金的重要性。起步之后，还会遇到销售、管理等各个方面的问题。但是，对于一个有志于创业的人来说，艰难困苦，不折不挠，应该是必备的基本素质。

丁祖诒，一个靠自学成材的落榜生，为落榜生创办了一所全国规模最大的民办大学。这是一所已经具有相当规模的民办大学，一所家喻户晓享誉华夏的民办大学——西安翻译学院。

确实，艰难困苦，对弱者来说是一场灾祸，而对丁祖诒却是一笔财富。因为在46年前的一个夏天，18岁的丁祖诒以优异成绩被国内名牌大学青睐，但却因政审不合格而落榜。丁祖诒发誓：“今天我没能跨进大学的门槛，总有一天，我要登上大学的讲台。”

40多年来，丁祖诒由工人到助理工程师，由中学教师到大学教授，由过去的黑五类到今天的陕西省政协常委，由过去的“牛鬼蛇神”到如今中国民办教育界屈指可数的“东方之子”。丁祖诒被众多国家研究机构聘为高级研究员，被国务院授予享受特殊津贴的专家，被陕西省高教协会授予民办教育家称号。

或许是与丁祖诒落榜生的经历有关，丁祖诒对落榜生有自己独到的见解：落榜生就像烧了七八十度的水，如果给他们添上一把柴，让他们在民办大学进行深造，他们同样会成为高等专业人才，他们同样是我们祖国未来的希望，这应该是第二个希望工程。

怀着这样的心情和愿望，年近半百的丁祖诒在自己落榜的30年后，面对一群像他当年一样向往大学殿堂的落榜生，开始了人生的拼搏。1987年，丁祖诒创办西安翻译学院。1993年10月，丁祖诒断然买下一家国营大厂的旧址，在全国率先摆脱了民办学校靠租赁为主的初级办学格局。

16年间，丁祖诒在15平方米的院长办公室里至少睡了10年。丁祖诒节衣缩食，但他会花几千万元建校园网和图书馆，花几千万元为学生配置专业实验室，花几亿元建教学大楼和公寓楼。丁祖诒办学严谨，实行准军事化管理，严格得让学生叫苦，但又和蔼到可以与学生共同嬉戏。

桃李不负园丁苦，如潮赞叹满乾坤。如今，西安翻译学院依靠学费自我滚动，凭借拼搏进取，拥有了完全属于自己的1500亩校园和49万平方米校舍，成为拥有6.5亿元净资产、年收入2亿元的全国民办大学；它与美、英23所知名大学一次性签约联袂合作；它有98%的就业率，它的学生被世界500强和北京各大企业所青睐；它有3万名全日制住校生，为国家输送了2.6万名有用人才。

丁祖诒的魅力在于他对民办教育的执著。在西安翻译学院，丁祖诒一反普通高校单一专业的常规，创造并实践了“外语+专业+现代化技能”的双专业复合实用型涉外人才培养模式。这一模式把高等教育自学考试与大学后继续教育融为一体；把专业深造与现代技能合二为一，丰富了高等教育的内涵。

丁祖诒说，民办大学的兴起，为非国家财政的人力资源开发开辟了一条非常规跨越式发展之路。对于民办大学立法的基点问题，他也有独特的观点：民办教育立法基点应从办学者转向以200万民办大学学生为主体，变管理为保护和扶持。

西安翻译学院优质的生源群体、良好的校园氛围、独特的教育管理模式，当之无愧地摘下了《中国高校网》评出的“最佳民办高校之首”等桂冠。世纪老人冰心曾拉着丁祖诒的手，勉励他要将“第二希望工程”的希望延伸。国学泰斗季羡林教授在丁祖诒受北大特邀前往讲学期间热情地约见他，语重心长地说：“我约见你并不因为你是校长，而是因为你为两万多名落榜生播种了希望。”

丁祖诒掌管着数亿元的资产，却抽着1元钱一包的廉价香烟。丁祖诒说，自己白手起家创业的6.5亿元资产没有一分属于他个人私有，那全是国家的。

丁祖诒心中一直有一个梦，那就是经过几代人甚至十几代人的拼搏和努力，建立一所东方最好的民办大学，就像美国的私立大学 哈佛 那样。因此，西安翻译学院一开始就注重走向世界。目前，西译有2000多名毕业生出国深造。西安翻译学院公派美国杜布克大学留学的大专生冯君、顾莉娅和余卓涌均已取得硕士学位。

如今的西安翻译学院，正在实现由“落榜生”向“线上生”和3年大专向4年本科的转化，向“东方哈佛”的目标挺进。“东方哈佛”的梦是美好的。丁祖诒说，但那毕竟需要经过几代人甚至十几代人的拼搏才有可能实现。

创业是一个艰苦漫长的过程，其间会遭遇难以想像的艰难困苦。但只有能够经历艰难困苦的有志之士才能最后淘金成功。如果没有这十年的艰难困苦，很难想像会有后来的创业冲动和今天的些许成就。

创业是立身之本

创业是立身之本，创业需要大气。大气才能创大业，大气才能成大业。大海一样的胸怀，大山一样的坚韧，大地一样的厚重，这就是大气。举重若轻、大将风度，举轻若重、以小见大，这就是大气。虚怀若谷、低调含蓄，谦虚谨慎、不骄不躁，这就是大气。登高望远，会当凌绝顶，一览众山小，这就是大气。胸怀全球，海内存知己，天涯若比邻，这就是大气。以这样的磅礴大气之势，就可以结出辉煌大业之果。人生有得就有失，得就是失，失就是得，所以人生最高的境界，应该是无得无失。但是人们都是患得患失，未得患得，既得患失。明智的做法是要学会放弃。放弃是一种境界，只有敢于放弃，才能更好地选择。对此，俞敏洪在中央电视台《赢在中国》栏目评点时强调：真正的大气不是表面上显得大气。

第二次世界大战的硝烟刚刚散尽时，以美英法为首的战胜国首脑们几经磋商，决定在美国纽约成立一个协调处理世界事务的联合国。一切准备就绪之后，大家才蓦然发现，这个全球至高无上、最权威的世界性组织，竟没有自己的立足之地。

买一块地皮，刚刚成立的联合国机构还身无分文。让世界各国筹资，牌子刚刚挂起，就要向世界各国搞经济摊派，负面影响太大。况且刚刚经历了二次大战的浩劫，各国政府都财库空虚，许多国家都是财政赤字居高不下，在寸土寸金的纽约筹资买下一块地皮，并不是一件容易的事情。联合国对此一筹莫展。

听到这一消息后，美国著名的家族财团洛克菲勒家族经商议，果断出资870万美元，在纽约买下一块地皮，将这块地皮无条件地赠予了这个刚刚挂牌的国际性组织 联合国。同时，洛克菲勒家族亦将毗连这块地皮的大面积地皮全部买下。

对洛克菲勒家族的这一出人意料之举，当时许多美国大财团都吃惊不已。870万美元，对于战后经济萎靡的美国和全世界，都是一笔不小的数目，而洛克菲勒家族却将它拱手赠出，并且什么条件也没有。这条消息传出后，美国许多财团主和地产商都纷纷嘲笑说： 这简直是蠢人之举! 并纷纷断言： 这样经营不要十年，著名的洛克菲勒家族财团便会沦落为著名的洛克菲勒家族贫民集团！ 但出人意料的是，联合国大楼刚刚建成完工，毗邻地价便立刻飙升起来，相当于捐赠款数十倍、近百倍的巨额财富源源不尽地涌进了洛克菲勒家族财团。这种结局，令那些曾经讥讽和嘲笑过洛克菲勒家族捐赠之举的财团和商人们目瞪口呆。

在人生紧要处，在决定前途和命运的关键时刻，我们不能犹豫不决，徘徊彷徨，而必须明于决断，敢于放弃。洛克菲勒家族敢于放弃，所以赢得了滚滚财源。因此，只有大气而开阔的创业者，才可能走出创业失败的 鸿沟 ，走向成功。而大公司的状况不同，花样繁多的公司政治，各种桌面下的小聪明，可以发扬光大。但是，在一个新兴的创业公司里面，如果变成小聪明的繁衍地，那么其危害就是致命的。大老板可以小气，还会赢得不少美誉；小老板一定要大气，大气才会有人脉有关系圈。很多人都知道李嘉诚、王永庆等大富豪的小气，但这种节俭朴素的小气往往符合中华民族 勤俭节约 的审美心理，取得全社会的认同感，并将这种民族精神加以广泛宣传和发扬光大，着实为他们赢得不少的美誉美名，在他们身上笼罩着神秘的光环。可我们这些刚创业的小老板，一没金钱二没名气，父母双亲是平民百姓，只能靠嘴里省下的钱，供我们上完大学然后走向社会，完成了他们一生中最神圣最了不起的伟业。

1900年，八国联军攻占北京，北京城中许多王公贵戚、豪门望族都随着慈禧、光绪逃往西安。由于仓皇，这些人甚至来不及收拾家中的金银细软，他们随身携带的只有山西票号的存折，一到山西，他们纷纷跑到票号兑换银两。

山西票号在这次战乱中损失惨重，它们设在北京的分号不但银子被劫掠一空，甚至连账簿也被付之一炬。

没有账簿，山西商人就无从知道什么人在票号里存过银子，更无从知道储户到底存了多少银子。在这种情况下，山西票号原本可以向京城来的储户言明自己的难处，等总号重新清理账目之后再做安排，这样的要求可以说合情合理。因为来取银子的难民刚刚经历过京城的兵灾，很多人甚至是亲眼目睹了票号被劫掠的情况。但是，开中国银行业之先河的日升昌票号没有这么做，以日升昌为首的所有山西票号都没有这么做。他们所做的是只要储户拿出存银的折子，不管银两数目多大，票号一律立刻兑现。

山西票号这样做，无疑是承担了巨大的风险，面临众人的挤兑，再加上真假难辨，在这种局面下，票号经营者稍有不慎，就可能使自己的生意陷入灭顶之灾。

日升昌和其它山西票号面临危难之时所表现出的胆识让人赞叹。他们不惜以不计后果的举措向世人昭示了信义在票号业中至高无上的地位。以义制利的古训被晋商透彻地理解之后贯彻在实践当中。日升昌清楚地看到，来山西票号挤兑银两的多是王公贵族，他们的行为属迫不得已，是国难所致。不论时间长短，灾难是会过去的。这些人在京城的政治和经济实力都不容忽视，为此从长远看，票号冒一定的风险，有可能会给自己带来更多更大的机会。

以后的事实证明，日升昌的判断是准确的。战乱过后，当他们在北京的分号重新开业时，不但普通百姓纷纷将积蓄放心大胆地存入票号，甚至朝廷也将大笔的官银交给票号汇兑、收存。

日升昌为首的山西票号在挤兑风波中，以甘冒风险的代价换来了名利双收。义利思想是明清山西商人的精神价值观，人所弃我则取之，人所去我则就之，而公之业益饶 ， 与人相对而争利，天下之至难也。

大气而开阔，不仅仅在于公司内部，对于用户，对于竞争对手，对于投资者，对于业界，都是必要的。狭隘的勾心斗角和依靠彼此的得失算计无助于一个创业公司不断成长，不断创造全新的可能性。小老板在力所能及的范围内一定要大气，大家在交往的过程中，无非是从诸如饭局、歌厅这样的小事中去观察你的为人处事，有谁愿意与一个经常蹭饭局而从不买单的人打交道做生意，另外既是有生意做也要想着在利润上多给别人1%~2%，如果一单生意正常情况下对方应拿10%的利润，而你给对方12%，那下一次的生意那人一定会想到你；作为一个老板，你一定有一些别人不具备的技能，关心留意生意圈子里的朋友们是否有这方面困难和需求，只要你知道了，不等别人开口主动帮助解决，对你来说只是花了一点时间和精力，没有其它的花费和开销，这是一件最值得去做的好事，朋友们自然会心存感激，有机会他们一定会用另外一种方式来报答的。虽然帮了别人，可在你心里不要老是想着他什么时候能报答你，这样你在无形之中已经开始产生无形资产了，这种无形资产通过一段时间的累积，从量变到质变就能产生巨大的能量，这就是圈内朋友们认为的你的大气，是值得相交的生意上的朋友。对此，俞敏洪告诫创业者，记住，好的东西都是开阔的，给自己，也给别人！创业是一个创造过程，不是一个零和游戏。互联网创业如此，软件、硬件、通讯等高科技各方面的创业也是如此。让那些公司政治留在传统产业中，留在大企业中。一个有前景的创业公司，一个立志于成为财富500强企业的有抱负者，必须简单做人，简单做事，在简单中超越传统优势公司，在零重力中不断升华自己。创业就是一个开拓蓝海的过程，而不是一个需要彼此角斗才能获胜的红海。事实上，剖析每一个创业非凡的成功故事，都会给人一种心旷神怡的感觉。

创业需要敢想敢干的勇气

古人云："狭路相逢，勇者胜。"确实，对于那些即将创业，或者正在创业的人来说，这个道理同样适用。因为只有勇者，幸运才能垂青。事实上，俞敏洪多次提醒那些要想创业的人，他说："要想创业成功，要比就业承担更大的风险，但不能因此就不鼓励人们创业。特别是世界经济一体化的纵深发展，中国的市场经济正在逐步完善，在这种大环境下，创业就成为人们实现价值的一个重要途径。经过深入研究，在中外创业的比较中，中国人并不缺少智慧，惟独缺少的就是创业的勇气和信心。如果人们只顾眼前得失，墨守成规，不敢冒险进取，这不仅是这部分人的悲哀，也是中国国家的悲哀。所以，提倡人们走出自己的安乐窝，大胆创业，从而提升中国全民族的创业和创新精神。"

无论是古今中外，要想取得成功，就必须拿出自己的勇气，只有这样，才能实现自己的梦想。俞敏洪在接受媒体采访时强调说："这个世界上失去什么都不可怕，唯一可怕的是失去你的心，失去你的勇气。"

功夫不负有心人，1980年，俞敏洪坚持考了三年后，最终考进了北京大学西语系。

在北大，俞敏洪是全班唯一从农村来的学生，开始不会讲普通话，结果从A班调到较差的C班。大三的一场肺结核又使俞敏洪休学一年，人也变得更加瘦削。

1985年，俞敏洪毕业留在北大成了一名教师。接下来是两年平淡的生活。中国随后出现的留学热潮，让俞敏洪也萌生了出国的想法。1988年俞敏洪托福考了高分，但就在他全力以赴为出国而奋斗时，美国对中国紧缩留学政策。以后的两年，中国赴美留学人数大减，再加上他在北大学习成绩并不算优秀，赴美留学的梦想在努力了三年半后付诸东流，一起逝去的还有他所有的积蓄。

为了谋生，俞敏洪到北大外面去兼课教书，后来又约几个同学一块儿出去办托福班，挣出国的学费。1990年秋天，俞敏洪的如意算盘被打碎了：因为打着学校的名头私自办学，北京大学在校园广播、有线电视和著名的三角地橱窗里高调宣布了对俞敏洪的处分决定。对此，俞敏洪没有任何思想准备。

1991年，俞敏洪被迫辞去了北京大学英语教师的职务，为了挽救颜面不得不离开北大，生命和前途似乎都到了暗无天日的地步。但正是这些折磨使他找到了新的机会。尽管留学失败，俞敏洪却对出国考试和出国流程了如指掌；尽管没有面子在北大呆下去，反而因此对培训行业越来越熟悉。

离开北大后，俞敏洪开始在一个叫东方大学的民办学校办培训班，学校出牌子，他上交15%的管理费。这一年俞敏洪29岁，他的目标是挣一笔学费，摆脱生活的窘境，然后像他的同学和朋友一样到美国留学。

卢跃刚在他的《东方马车》一书中生动描述了俞敏洪这段创业经历：他在中关村第二小学租了间平房当教室，外面支一个桌子，放一把椅子，“东方大学英语培训班”正式成立。第一天，来了两个学生，看“东方大学英语培训部”那么大的牌子，只有俞敏洪夫妻俩，破桌子，破椅子，破平房，登记册干干净净，人影都没有，学生满脸狐疑。俞敏洪见状，赶紧推销自己，像是江湖术士，凭着三寸不烂之舌，活说死说，让两个学生留下钱。夫妻俩正高兴着呢，两个学生又回来了。他们心里不踏实，把钱又要回去了。

尽管困难重重，但拼死拼活干了一段时间后，俞敏洪的培训班渐渐有了起色。

眼看着培训班越来越火，俞敏洪渐渐萌生了自己办班的念头。1993年，在一间10平方米透风漏雨的小平房里，俞敏洪创办了北京新东方学校。

俞敏洪说：最初成立新东方，只是为了使自己能够活下去，为了每天能多挣一点钱。作为一个男人，快到三十而立的年龄，连一本自己喜欢的书都买不起，连为老婆买条像样的裙子都做不到，整个家庭无家可归，连家徒四壁都谈不上，自己都觉得没脸活在世界上。当时他曾对自己说：只要能赚到十万元钱，就一辈子什么也不干了。

到今天，新东方已成为中国最大的私立教育服务机构，在全国拥有25所学校、111个学习中心和13个书店，大约有1700名教师分布在24个城市。目前累计已有千余万名学生参与新东方培训，仅2015年就有103.78万名。外语培训和考试辅导课程在新东方营收中所占比例高达

89%，是该公司最主要的营收来源和增长动力。

俞敏洪说，新东方走到今天，不在我的意料之中，因为最初只是为了糊口，招几个学生办个小小的补习班而已。新东方到了今天，我们就有了更多的期待，希望能够用自己的行为和思想，为中国学生做更多的事，为中国教育做更多的事，为中国未来做更多的事。新东方为何能从竞争激烈的英语培训市场脱颖而出，俞敏洪说自己最成功的决策，就是把那帮比他出息的海外朋友请了回来。

“任何一个人办了新东方都情有可原，但我就不能原谅。因为我在同学眼里是最没出息的人。我的成功给他们带来了信心，结果他们就回来了。”

1995年底，积累了一小笔财富的俞敏洪飞到北美，这里曾是他心牵梦绕的地方，当年就是为了凑留学的费用，他丢掉了在北大的教师职位。在加拿大，曾经同为北大教师的徐小平听了俞敏洪的创业经历怦然心动，毅然决定回国和俞敏洪一起创业。在美国，看到那么多中国留学生碰到俞敏洪都会叫一声“俞老师”，已在美国贝尔实验室工作的同学王强也深受刺激。1996年，王强终于下定决心回国。

在俞敏洪的鼓动下，昔日好友徐小平、王强、包凡一、钱永强陆陆续续从海外赶回加盟了新东方。经过在海外多年的打拼，这些海归身上都积聚起了巨大的能量。这批从世界各地汇聚到新东方的个性桀骜不驯的人，把世界先进的理念、先进的文化、先进的教学方法带进了新东方。

俞敏洪笑言自己是 一只土鳖带着一群海龟奋斗 。如何将这些有个性的人团结到一起，并让每个人都保持活力和激情，是俞敏洪首先要面对的问题。

俞敏洪说，在新东方，没有任何人把我当领导看，没有任何人会因为我犯了错误而放过我。在无数场合下，我都难堪到了无地自容的地步，我无数次后悔把这些精英人物召集到新东方来，又无数次因为新东方有这么一大批出色的人才而骄傲。因为这些人的到来，我明显地进步了，新东方明显地进步了。没有他们，我到今天可能还是个目光短浅的个体户，没有他们，新东方到今天还可能是一个名不见经传的培训学校。

像所有处于快速成长期的民营企业一样，新东方几年后也遇到了一次次人事危机。2001年8月，新东方创业三位元老之一的王强决定出走。卢跃刚在他的《东方马车》一书中详细描述了这段事实：在场的人都清楚，新东方可能正沿着一个大家十分熟悉的道路向下滑行，可能面临一个私营企业由于决策失误、理念不合、利益纷争而导致的内部分裂，有可能出现盛极而衰、灰飞烟灭的庸俗结局。庆幸的是，在俞敏洪的极力挽留之下，王强最终没有离开。

东方的“内乱”没有就此结束。2003年，北京新东方学校另一位副校长、著名TSE（英语口语测试）教学专家杜子华离开了管理层。2004年，新东方的另外两位干将江博和胡敏也低调离开新东方。

新东方在美国纽交所上市后，俞敏洪身价已逾10亿，其它董事会成员徐小平、包凡一、钱永强身价可能也将上亿。以后，在资本力量的左右下，这个“一只土鳖带着一群海龟奋斗”的故事仍将继续。

从俞敏洪的创业经历来看，如果没有当初的勇气，俞敏洪也许仍然在北京大学教英语，或许默默无闻，绝对不可能取得今天如此辉煌的成绩的。事实上，无论是西楚霸王当年“皆沉船，破釜甑，烧庐舍，持三日粮，以示士卒必死”的豪迈举动，还是莎士比亚“懦夫在死之前就已经死过多次，好汉一生只死一回”所颂扬的英雄气概，说的只是行动的勇气，或者是行动者的个性，绝非是行为的方式。而这种勇气和个性都与那种率性而行、经不起艰辛考验的“势利儿”擦肩而过。在这里，我们来看看下面这个故事。

一位叫马维尔的法国记者在一次盛大的国家政要集会上采访美国第十六任总统亚伯拉罕·林肯。

马维尔问:“总统先生，据我所知，在您之前的两届总统都想过要废除可恶的黑奴制度，《解放黑奴宣言》也早在他们那个时期就已经草拟出来，可是不知什么原因，他们都没拿起笔签署它。请问总统先生，他们是不是想把这一伟业留下来，给您去成就万世英名呢?”

面对这样的问题，林肯微微一笑，回答却是很简单：“可能有这个意思吧。不过，如果他们知道拿起笔需要的仅是一点勇气，我想他们一定非常懊丧。”

马维尔还没来得及问下去，林肯的马车就出发了，他一直都没有明白林肯这句话的含意。

林肯去世50年后，马维尔才在林肯致朋友的一封信中找到了答案。林肯在这封信中谈到幼年时的一段经历：我父亲在西雅图有一处农场，上而有许多石头。正因如此，父亲才得以以较低的价格买下。有一天，母亲建议把上面的石头搬走。父亲说，如果可以搬，主人就不会卖给我们了，它们是一座座小山头，都与大山连着。

有一年，父亲去城里买马，母亲带我们在农场里劳动。母亲说，让我们把这些碍事的东西搬走好吗?于是我们开始挖农场上的一块块石头。不长时间，就把它们都给弄走了，因为它们并不是父亲想像的与大山相连的小山头，而是一块块孤零零的石块，只要往下挖一英尺，就可以把它们晃动、搬走。

林肯在信的末尾还说：有些事情一些人之所以不去做，只是因为他们认为不可能。其实，有许多不可能，只存在于人的想像之中。

林肯对成功秘诀的解释是多么的耐人回味，成功或许就需要面时困难时的一点儿勇气，许多困难和不可能只存在于人的想像之中。对此，俞敏洪提醒那些即将创业，或者正在创业的年轻人，其实，创业并不难，难的就是缺乏，卖出第一步的勇气。

“鲜徕客”，这个名称对江西省城南昌市的市民来说已不再陌生，那撑着蓝顶红边天篷的“鲜徕客 早餐车遍布南昌全城，而花色众多又制作精巧的各式面点更是遐迩闻名，每天销售额在南昌早餐市场首屈一指。

邹献仁开发“鲜徕客”早点纯属偶然。原来邹献仁是搞钢铁的，由于邹献仁所在的小型特种钢厂经营了近20年后垮了，邹献仁的眼前一度混沌迷茫，但总不能啥也不干呀，邹献仁徘徊于市场寻找新的发展契机。到了上海，平时并不爱吃面点的邹献仁，一次吃到非常有特色的 新雅包子，发现竟然是那么好吃，与南昌那皮厚、馅少的包子完全是两种不同的口味。一个灵感在邹献仁心中油然而生：当城市早点供应正由单位食堂大步走向市场之际，为什么不能引进上海的工艺技术与花色品种，让 大黑粗 一贯制的南昌早点增添一抹亮色呢？在南昌市总工会的大力支持下，邹献仁千方百计找朋友筹资购进设备，“鲜徕客”早点终于应运而生。

当然，角色的转换并不容易，尤其是从黑色冶金到白色面点，从翻砂锻造到精细制作，三百六十行中的两极，要在一夜之间完成历史性的跨越，邹献仁所面对的考验既充满挑战更带有风险。“鲜徕客”早点问世时，南昌早点市场早已是全市菜篮子工程所扶持的“满意早餐”一统天下，“鲜徕客”不准进市区销售，只能在偏远的洪都航空集团的宿舍区内摆摊设点。然而，还是那句老话说得对， 酒香不怕巷子深 ，当消费者吃到“鲜徕客”洁白如玉的奶黄包、柔嫩鲜美的烧麦时，南昌的早点市场好像突然降临了天外来客一样新鲜诱人，越来越多的居民特地跑到“鲜徕客”买早点。名声大了，挡也挡不住了，“鲜徕客”终于挺进市区，摆起了早餐车与“满意”面对面打擂台。不到两年功夫，“鲜徕客”的销售额便遥遥领先，到2004年销售额已超过1500万元。

从邹献仁的成功创业的案例中，我们可以得出这样一个结论，邹献仁成功创业的秘诀靠的就是：敢想敢做的勇气。如果邹献仁只是整日幻想，不敢付诸实践，那么邹献仁也不可能成功。从该案例中，我们还可以看到邹献仁做冶金多年，从来就没做过面点，没有面点经验，但是邹献仁却鼓起勇气来制作面点。另外，邹献仁的面点上市的时候，面点市场已被各大巨头瓜分完，邹献仁不得不细分自己的市场，推着小车到城市的角落去销售。正是邹献仁硬是勇敢地闯进城来的勇气，步步为营扩展了地盘，销售额超过了“满意早餐”，当上了南昌的 早点大王 。

因此，创业需要勇气，因为勇气是创业者必须具备的基本商业素质。如果没有勇气这种商业素质，其它的商业素质也枉然，因为勇气是天生的，其它商业素质是后天可以学习的。对此，俞敏洪在接受美国《华尔街日报》采访时谈到：勇气这种商业素质是上天赋予的，其它商业管理素质在于教育，只要肯学习，每个人都会有很大的提高。而经营管理则是一门“艺术”，重要的是经营者是否能整合各种资源。当然，重要的是人力资源。优秀的人可以帮助经营者管理企业、制定商业计划，甚至可以搞融资，可以搞公共关系，经营者只要听报告、做决策就可以“运筹帷幄之中，决胜千里之外”了。比如中国三国时期的刘备，文有诸葛亮出谋划策，武有关羽、张飞、赵云等攻城略地，岂能不独霸一方？再看今日的阿里巴巴创始人马云，他并不懂得技术，但尊重专家和技术人员的意见，所以有今日之成就。勇气真像神奇的魔杖，可以开山劈岭，可以点石成金。

事实上，勇气是创业者成功的关键因素。在这个纷繁复杂的社会中，谁都期望自己能成功，尽管追寻成功的脚步匆匆忙忙，却似乎注定了大多数人与成功无缘。何以如此呢？因为大多数人尚未领悟到成功的真谛。要想成功，第一个因素就有敢想敢做的勇气。

美国第十六任总统亚伯拉罕·林肯说过：“一个有知识而没有敢想敢做的勇气的人，他成功的可能性几乎为零；一个缺乏知识的人，只要他有足够的、敢想敢做的勇气，他成功的可能性为100%。”

现实生活中，敢于冲进社会主流的人，第一个成功诱因就是敢想敢做的勇气，其次才是智慧、能力等其它因素，当然，生来就有良好背景的纨绔子弟除外，因为他们在娘胎的时候就生活在主流社会。确实，每个人都希望自己能够成功，都希望自己有一个自我表现的舞台，如果真的想成功，那么千万不能忘记一条：在追求成功的道路上，首先需要的就是敢想敢做的勇气。

俞敏洪正是凭着这种敢想敢做的勇气，一次次跌倒，又一次次爬起来。俞敏洪凭借这种勇敢不屈，缔造了今天的新东方集团，值得广大创业者借鉴和参考。

确实，在创业的过程中，困难重重，如果没有足够的勇气来面临抉择，失败的几率将大大加大。就像当年拿破仑进军俄国时，虽然知道情势对自己不利，但他却心有侥幸，没有果断退兵，结果大败。正因为他当时没有选择放弃的勇气。一次抉择的不当造成了终生的悔恨。相反，在第二次世界大战中，法国的戴高乐鼓起勇气，下令全军撤退至英伦，希望他日东山再起，最终战胜了法西斯。正因为有了勇气，使两者的结局截然不同。没有了勇气，就没有成功。勇气是迈向成功的第一步。需要指出的是，勇气绝不等于愚勇，绝不是不自量力、不计代价地横冲直撞。

被誉为“现代管理学之父”的著名管理学家彼得·德鲁克在哈佛大学商学院给学生讲课时接受《哈佛商业评论》采访时评价《拿破仑传》说：“读《拿破仑传》时，你只需要看六页就行了。拿破仑之所以能成功，全在于他的坚韧、不认输、有勇气。《拿破仑传》的第六页正好讲到拿破仑跟同学打架。拿破仑个子矮，打不过，但是他下定决心，就是被打死了还要继续。这种勇气让同学害怕了，只好道歉了事。你学会这个就行了。”

美国第三十二任总统富兰克林·德拉诺·罗斯福说得好：“也许个性中，没有比坚定的决心更重要的成分。小男孩要成为伟大的人，或想日后在任何方面举足轻重，必须下定决心，不仅要克服千万重障碍，而且要在千百次的挫折和失败之后获胜。”

创业者一旦拥有了敢想敢做的勇气，他也就同时有了一颗平常心，那么不管最终的结局如何，他至少收获到了 过程 。就像俞敏洪一样，靠的是永不言败的勇气、善于抓住机遇的能力，走出了一条创业成功之路。

微软创始人比尔·盖茨在接受《华尔街日报》时坦言：“如果我有足够勇气，我就可以像杰克·韦尔奇那样成功。别人认为比较困难的事情，我喜欢尝试一下，而我对失败的感觉，不像别人那样在意。搞经营也好，搞企业也好，基本的原理都是一样的，那就是创造性。这种创造性所带来的第一大风险就是很难得到公众的认可，这会使你心有余悸。因为当你这种创造性提出来的时候，会有很多人认为你的想法并不见得对，这时你禁不住会犯嘀咕， 是不是我自己错了？ 这个时候，正是考验一个人的时候。有的人退缩了，而我进了一步，进了这一步，就把距离拉开了。”

确实，对于创业者而言，敢想敢做的勇气是非常重要的，因为创业的困难总是难免的。俞敏洪在接受《21世纪经济报道》时说：“敢想敢做的勇气是成功路上的关键因素。”但俞敏洪成功的背后却要有坚韧的意志作支撑，并以不屈的精神作后盾。毋庸置疑，俞敏洪的经历证明了这一点，许许多多成功人士的经历也证明了这一点。要创业，给自己一点勇气，成功便在眼前。

创业要有足够的准备期

如果你想成为一个创业者，你就需要具备坚韧不拔、不怕失败的精神，要有足够的准备期，而且最重要的还要懂得与自己的合伙人以及职员一起分享。

周鸿祎是360创始人，市值64亿美金。周鸿祎曾打造3721，国内最早的搜索引擎之一。

周鸿祎在做360之前，曾做过一个搜索引擎叫3721，而百度也推出了类似服务。双方竞争激烈相互争夺地盘，于是周鸿祎在3721的客户端中加入了一个模块，专门用来删除百度的客户端。而这个模块，是无法删除的。这也给周鸿祎留下了“流氓软件之父”的称号。

这一错误的开始之后紧接着又是一错误的决策。周鸿祎称，当时就觉得百度有了搜索模式比自己更好，而且当时中国互联网也十分低迷，所以他在市场占有率高的情况下，选择把3721卖给雅虎，导致搜索这块10亿美金的市场，最后被百度占领。

对于这些往年经历，周鸿祎称：大家做事情不要只盯对手，一定要盯住用户需求，而且一定要坚持住自己的事业，不要轻易说放弃。

如果你是在团体里边工作，你就必须遵守在一个团体里做人的道理。因为人是群体性的动物，所以必须学会在人群中生活。

不管你的个性多么古怪，只要你选择在办公室上班，在一群人中间工作，你的人际关系的好坏就决定了你在一个地方的地位和威望。

当办公室里所有的人都认为你很难对付，或者性情古怪，或者动不动就发脾气，或者有一点小权力就刁难别人，并且在很多事情上不配合别人的时候；当你在办公室不把自己当作所有人的朋友看，而是把自己当作所有人的领导看的时候，你的人际关系就会把你陷入绝境。当人际关系被毁掉的时候，你的地位和快乐同时也会被毁掉。

在一群人中间不受欢迎的人一定是在一个地方呆不长的人。在新东方，被辞退的人大部分都是因为人际关系搞不好，而不是因为他们工作不认真。其中有的人工作极其认真，但是把所有的人都得罪了，结果弄得你把所有的精力都用在了解决他所造成的人际纠纷上。这并不是说让你为了不得罪人就做老好人，而是要学会在坚持原则的前提下和别人和睦相处，并且学会和别人分享自己的感情和思想。

我们的生活中会有各种各样的风风雨雨，在风风雨雨中间，我们除了需要家庭，有时候也需要朋友在前进的道路上互相搀扶。如果你想要交朋友，一定要记住一个前提条件——你要学会和朋友去分享生活，分享你的物质财富，分享你的痛苦和快乐。生命的丰富是因为你的分享而成倍地增长的。当你把自己的痛苦和幸福吐露给朋友的时候，你的心灵就得到了平静，你就变成一个更加亲切可爱的人。当你把痛苦和悲伤压在心中的时候，你就会变成一个古怪的人，最终会有神经崩溃的一天。

要学会分享。你有6个苹果，你留下1个，把另外5个给别人吃。

当你给别人吃的时候，你并不知道别人能还给你什么，但是你一定要给。因为别人吃了你的那个苹果以后，当他有了橘子，一定会给你1个，因为他记得你曾经给过他1个苹果。最后，你得到的水果总量可能不会增加，还是6个水果，但是你的生命的丰富性成倍增加，你看到了6种不同颜色的水果，吃到了6种不同的味道，更重要的是你学会了在6个人之间进行人与人最重要的精神、思想、物质的交换。这种交换能力一旦确立，你在这个世界上就会不断得到别人的帮助。同样道理，当你心中有压抑和痛苦的时候，你需要朋友、同事、领导和你一起分享。当你和别人分享的时候，你就会发现你的心灵是平静的，而人的心灵的平静是一切幸福和快乐的根本保证。

创业要有分享的精神，这是一个简单的道理，但在创业过程中有些人没有看到分享的重要性。俞敏洪谈道，他看到不少大学生，几个朋友在一起创业，刚刚做到有欣欣向荣的迹象的时候，却因为有利润了，开始计较分多分少的问题，最后就散伙了，在创业还未达到顶级状态的时候就倒闭了，所以分享的精神在创业过程中也是非常重要的。

梁山在宋江的治理下，一派兴旺发达。众兄弟大碗喝酒，大块吃肉，大秤分金，过得好不快活。宋江治理梁山全靠两个手段，一是建章立制，自宋江而下，众兄弟排排坐，分果果，分工明确，各司其职；二是作为领导人，宋江懂得与兄弟分享。每当“买卖”有所获，宋江总是第一个安排下功劳簿，众兄弟论功行赏，按照各人的贡献，将利润进行公平分配。《水浒传》第120回，从来没有一个字讲到宋公明瞒着众人多吃多占，中饱私囊。按理说，宋江貌不惊人，论文不能吟诗作赋，讲武不能上马提枪，却将梁山一干强盗治得服服帖帖，原因很简单：宋江这样的领导人，不会让大家吃亏。按经济学家的说法，就算是有人不服他，出于个人利益最大化的考虑，让宋江当头儿也是个最优选择。

所以说，创业者要想成功，更多的时候体现在懂得分享。因为每个创业伙伴都有自己的家庭，作为创业者的自己，要学会将得到的果实分享给自己的同伴。因此，如果创业者懂得与他人分享，创业肯定能成功。反之，一个不懂得与他人分享的创业者，不可能将事业做大。

从上述这个案例中，我们不难理解，懂得分享是一名创业者必备的素质。当今社会无论从资金还是经验方面来看，一个人做事情是很难成功的。这个世界从来不会亏待任何一个有追求的追求者。

事实上，在创业的急流里，始终秉持着这样的信念，不断体会着市场竞争中的激烈程度。若干年前，有一位记者曾在中关村采访过一位创业者。这位创业者当时在中关村做产品供求信息。当时，中关村做一行的人还很少，因而这位创业者的收入可观，很短时间内就买了车，买了房，但是对自己的员工却很抠门，能少给一分，绝不多给一分，他说这叫低成本运作。七八年过去了，这位创业者的公司已经搬了几次家，但总是改不了小门脸那种寒酸的模样，员工也总是那么寥寥几个，而且不断地更换。中关村竞争激烈，每天都会有很多人的创业梦化为泡影。这么多年过去了，这位创业者仍然存在，仍然在中关村坚持，自有他的成功之处。但是，与和他差不多时间起步，做同样行业，而且是白手起家的郭凡生相比，他就差得远了。现在郭凡生的慧聪年产值早已过亿，在现代化的写字楼里拥有了上千平方米的办公面积，在全国各地还有数十家分公司。郭凡生也早就成了千万富翁。

郭凡生和这位创业者的区别，就在于懂得与众人分享。慧聪是1991年创立的，1992年慧聪的章程里已经写入了劳动股份制的内容。学经济出身的郭凡生这样解释他的劳动股份制："我们规定，慧聪公司的任何人分红不得超过企业总额的10%，董事分红不得超过企业总额的30%。当时我在公司占有50%的股份，整个董事占有的股份在70%以上，有20%是准备股，但是连续8年，慧聪是把70%以上的现金分红给了公司那些不持股的职工，而我们这些董事规定得很清楚，谁离开公司，本金退还，不许持股。所以我们这些董事又都是公司总裁、副总裁，参与的也是知识分红。慧聪早在1992年初创的时候，就确立了按知识分配为主的分配方式。"据说郭凡生第一次给员工分红的时候，有一位员工一下分到了3000多块钱。那是上世纪90年代初，3000元可是一笔大钱。这位员工以为公司搞错了，不相信世界上竟然会有"这样大方的老板"，拿到钱后连夜跑掉了。

郭凡生对中关村的企业和中国的高科技企业为什么做不大也有一番高论。"中关村企业有100万利润就分裂，有200万利润就打架，为什么做不大呢？就在于这个公司只有一个老板，老板拿走绝对的利益，而这个公司又不是靠老板的资本来推动发展的，当它的主体变为知识推动的时候，企业就要不断地分裂，所以中关村的企业做不大，中国的高技术企业做不大。"

毋庸置疑，分享不仅仅限于企业或团队内部，对创业者来说，对外部的分享有时候同样重要。郭凡生不管什么时候，对他的合作伙伴都是一句话：有钱大家赚。为此，在慧聪的成长过程中，郭凡生不断地对公司的股权进行分流，从最初持股85%，到后来只持有15%，每一次当郭凡生将自己的股权稀释，将自己的股权拿出来，分流到别人的口袋里去的时候，都伴随着企业的高速成长。但是郭凡生觉得自己并没有吃亏，因为公司做大了，自己相对的收益虽然少了，但是绝对收益却大大地提高了。分享不是慷慨，对创业者来说，分享是明智。

因此，创业能否成功的关键在于创业者以及创业团队，所以与合作伙伴分享创业的成果是成功的关键。特别是由于目前市场竞争比较激烈，每个人的精力也有限，所以需要有一个核心团队一起创业。如果创业者不能与合作伙伴同甘共苦，那么创业成功的可能性就非常小，如果创业者与合作伙伴分享，不仅可以取得更好、更快、更大的成功，而且还能让初创企业更快地发展和壮大。因此，如果不与合作伙伴分享，不仅不会对创业有帮助，反而会成为障碍和负担。之所以与合作伙伴分享，目的还是激励合作伙伴，这样不仅能弥补创业者自己的弱项，而且还能更好地发挥自己的强项，如果不能互补就失去了合作的意义，不仅不能实现一加一大于二，甚至造成一加一小于一，这样比自己创业更难成功。

第四章

互联网时代的商业竞争

多数的创业者都有一些相似通病，往往简单化的理解和认知创业，缺乏对于创业项目持久持续性的充分认知，往往急于求成，或者浮躁情绪相对较重，也往往只看到冰山的水上部分，却无法发现隐藏在水面之下的部分。

在互联网时代要有新的创业思维

曾经靠初生牛犊不怕虎的虎劲儿，迅速突破传统企业营销领域的突破口，实现大的商业平台价值的创造，或许不再成为普遍现象，没有任何传统行业的沉淀和积累，就通过一个互联网产品，一个网站，一个APP颠覆一个行业，或许已不再容易。

因为风口虽然随时有，但是如果不能成功发现出风的风机，你就无法判断风口风的方向，或许在风口上也是无法借力。

当雷军带领小米在手机这个红海行业高歌猛进的时候，有的企业感觉到战栗，紧盯小米的动向，看看它是否要侵入自己所在的行业；也有的企业不屑一顾，认为小米不过是营销做得好，没什么好怕的。历史上，因营销而短暂爆发但长期衰落的例子比比皆是，脑黄金、红桃K、三株口服液，等等。在它们眼中，小米不过是最新的一个案例。

不管是战栗还是不屑一顾，都不能改变这样一个趋势：互联网思维将扫荡一切行业。

套用一句我们熟悉的话说：这个趋势，不以人的意志为转移。

“90后”创业者泡否科技的马佳佳说，我不知道怎么说互联网思维，因为我不知道不是互联网思维的是什么，我只知道这一种思维。

就像传统企业天生就活在工业社会一样，“90后”以及更年轻一代天生是互联网一代，他们天生具有互联网思维。在他们的视野里，互联网不再仅仅是多了一个渠道，多了一个工具而已，而是成为生活的底层建筑，互联网就是生活。他们的行为，他们的思维，都是由互联网塑造的。他们做事的方式，一定是符合互联网思维的。

而未来，毫无疑问是属于“90后”以及更年轻一代的，因此，未来也必然是属于互联网思维的。

在创业的过程中，不是人人都能成为比尔·盖茨，也不是每一个创业者都能取得成功。我的经验来看，100个人创业，其中95个人连怎么死的都不知道，还有4个人是你听到一声惨叫，就掉下去了。剩下的1个可能不知道为什么还活着，但也不知道明天还活不活得下来。

或许是比尔·盖茨时刻都有着这样的危机感，他在创业者的过程，时时让自己处于小心谨慎的日子里，按他所说就是“引用易经的话”。正是他有了这样的认识，他才会相信他的创业结果一定是失败。因为每个企业从诞生的第一天开始，就注定走向死亡。所以，比尔·盖茨说，“我现在的责任，无非就是把我的企业走向死亡的路拉得长一点。”

“无论企业发展多大，面临的危机永远是生死问题。”牛根生又和马云一唱一和起来。他回忆，即使到了2004年，蒙牛也曾经遭遇“灭顶之灾”。这一年，蒙牛先后两次陷入困境：先是年初，全国500多家媒体一齐猛轰蒙牛，质疑之声几乎铺天盖地，“有的坏蛋还拿着报道说要出书，蒙牛怎么办？”

接着，又有人在湖南长沙和湖北武汉等地购买“蒙牛”牛奶数十盒，向牛奶注入甲醛、酒精及广告颜料等物质后放回销售点，并向蒙牛索要20万元。

幸好有关部门予以高度重视，9天后案件告破。蒙牛将武汉的牛奶全部撤架，“一夜间不见了几千万元。”而媒体铺天盖地的质疑也被查出是竞争对手“作怪”，牛根生的行动是放弃起诉，只是要求对方以后不再使用类似手段。

“即使失败了，也不要怨天尤人。”老牛说他的原则是只为成功找方法，不为失败找理由。

从创业的历程来看，创业是一件残酷的事情，1%的成功者是从99%的失败者身上跨过去的。而不成功的原因可能也并不是因为创业者不够聪明、不够优秀，而只是运气不好、时机不对。古人说“未思进，先思退”，创业过程尤其是这样，所以，创业之初先要对失败有思想准备，对困难有提前认知，怎么估计都不保守，这样在遇到苦难和挫折的时候就不会觉得那么难以接受。

在互联网时代，互联网思维作为一种符合时代发展趋势的思维，必然战胜不符合时代发展趋势的思维，这是生产力的内在逻辑。从这个大趋势上看，雷军和董明珠之间以10亿元为赌注的打赌，恐怕雷军的赢面会更大一点。

我们正站在一个千载难逢时代的入口处。

经过十多年的发展，互联网在最近几年才开始真正显示出自己的威力。

这是因为，互联网发展到了第二阶段：“互”的阶段。也就是人们常说的社交时代。这个时候，人开始成为互联网上的主体，人们开始在网上生活。

随着科技发展的深入，互联网就是生活。移动互联网的发展和可穿戴设备的出现预示着这个趋势。电子产品已经成为人们延长的器官。

互联网不再是一种补充，而是主体，未来将是全部。

在互联网“互”的阶段，商业逻辑发生了根本性的改变。这种改变体现在三个方面：一是企业可以不通过销售中介（渠道）直接向用户销售产品；二是企业可以不通过信息中介（媒体）直接向用户传播信息，用户也可以直接向企业反馈信息；三是用户之间不再是相互隔绝的，他们之间可以直接传播信息。

如果从商业逻辑来说，工业社会，是对熟人社会的否定；互联网社会，则是对工业社会的否定。

因此，这是一个千载难逢的交接点，现在的我们，正站在这个新时代的入口处。

谁站对了位置，谁就会被这个时代所选择。站在风口，猪都会飞。自然，谁要违背这个时代，谁也就会被这个时代淘汰。

传统企业怎么办?

传统企业诞生在工业社会中，运作的思维和逻辑都是与工业社会相适应的。这种思维和逻辑既然保证了它们在工业社会获得成功，就必然会阻碍它们在互联网社会获得成功，因为互联网社会是对工业社会的否定。

原来成功的因素，恰恰是现在阻碍成功的因素。原来有多成功，现在就有多艰难。

但是，传统企业并不只有被淘汰一条路。虽然过去积累的思维和经验不再有效，互联网思维要求有不一样的打法，不过，只要掌握了互联网思维，传统企业多年积淀的对产品的理解，就将转变成一种巨大的优势。

而产品，恰恰是互联网思维的核心概念之一，是互联网思维的基点。如果加上对用户的理解，再善于塑造用户的口碑，则传统企业很可能在互联网时代转型成功。

个人怎么办?

这是个人最好的时代。

到了这个时代，个人的聪明才智才开始真正成为最重要的资源。葛优的那句“21世纪什么最贵，人才！”才算是真正得到了实现。

没有了销售中介（渠道）和信息中介（媒体）的阻隔，个人创业的成本大为降低。销售产品和塑造品牌，都更依赖于企业与用户之间的交互，也就是说，来自于人与人之间的联系，而不是人脉和广告。

拼人而不是拼资源，拼人的质量而不是拼人的数量，这大为缩减了个人与企业、创业者与成功人士、创业企业与巨头之间的差距。

对任何人来说，由于主客观的某些局限性，失败总是在所难免的。前些年，日本曾经推出一个新概念，叫作“失败学”。为此，他们还成立了“活用失败知识研究会”，建立了“失败学数据库”，收集并整理失败的信息资料，将失败个案变成全社会享用的共同财富。把失败作为一门学问来研究，真可谓是远见卓识。

奋发有为者如何面对失败？如何在失败后重振旗鼓，再创辉煌？看来有必要学一点“失败学”。

当年鲁迅曾将“太讲面子”列为他所抨击的国民劣根性。中国虽常有“失败乃成功之母”的古训，但事实上常把失败同失“面子”联系在一起，认为失败是可耻的。而在西方文化中，尊重失败则成为人们的信条。

Mysee是国内最早进行P2P视频直播研发技术的公司，是集视频直播、点播、互动娱乐、无线增值等服务于一体的宽带视频娱乐服务平台。公司曾联合各大门户网站、电信运营商为国内外50余次的大型活动进行了网络直播。

2005年2月，高燃创立MySee.com，蒋锡培(微博)投资了100万元人民币。2006年初，又获得北极光和赛伯乐等机构一共200万美元的投资。

但MySee烧钱的速度太快了，几十个人，每个月要烧掉100多万元人民币，办公室光装修就花去100多万元人民币，还要花大量的资金购买视频内容。8个月时间，200万美元的投资款消耗殆尽。

另外，作为创始人和公司总裁，高燃总是默许媒体夸大事实，融资200万美元变成了融资1000万美元。据投资人说，他时刻最关注的都是自己的知名度和形象，他到处演讲，宣扬创富成就，但只为自己做市场，不为公司做市场。在投资人看来，高燃拿投资人的钱去包装自己，甚至还有其它的用途，但就是没有用来给公司做企业。

之后，北极光邓峰号召VC行业的人不要再投资和高燃任何相关的企业。媒体总是喜欢包装英雄，很明显，他在行业中做人做失败了。

在饭否的初期阶段，中国大陆与Twitter类似的中文网站有六七家，其中饭否是各方面功能较为完备，最接近Twitter的一个。

2009年上半年，饭否的用户数从年初的30万左右激增到了百万。

同年6月2日，惠普成为饭否首个企业付费用户，开始获得第一笔收入。与此同时，陈丹青、艾未未、梁文道、连岳等一批文化名人的加入，带动了饭否的快速成长。

在2009年下半年饭否被有关部门非正常地被关闭。

当饭否关闭后，新浪微博强势崛起。并凭着和政府雄厚的关系，以明星和名人策略一举奠定江湖地位。新浪有足够多的财力和人力满足政府的监管标准。

随后，王兴创办了美团，并取得极大成功，成为团购领域内的最大玩家。在松禾资本的支持下，饭否低调重开，不过已无法吸引眼球。

创业是艰辛的，什么困苦都可能发生，什么坎坷都可能出现，在正视失败的同时要有忍耐去接受失败，分析失败的原因，寻找走出失败泥淖的途径，反败为胜。沃尔玛是世界排名第一的零售巨子。沃尔玛的成功规则中有一点非常特别："成功要大肆庆祝，失败则不必耿耿于怀，不要对自己过于严肃，过于伤感，过于羞辱。"

心理学常识告诉人们：一个人一生对事物的结果有了最坏的打算，他才会泰然处之。我曾经读过一篇保险推销员写的文章，他在介绍自己成功经验时说："只要有百分之一的希望，我就会去做百分之百的努力，失败了又怎样呢？最坏的结果不过是返回到原处。"一个人一旦有了敢于接受"返回到原处"的心态，继而又有了善于积极进取的精神，离成功就不会太远了。

即使一时失败，也会有"东山再起"之日。日本和田一夫先生就是一个生动的例证。日本八佰伴集团破产那年，他已68岁。和田先调节好心态并努力保持良好的精神面貌，以积极的态度对待每一天，并抓住一个偶然性机会，和一位只有27岁的IT青年合作，办起了软件公司。一老一少，拼搏年余，就实现了公司股票上市。和田不无得意地说，当初八佰伴上市花了30年，而这次只用了19个月。和田一夫先生的可贵之处，是他在人生道路上经得起重挫，在“退回到原处”后不懈地追求进取，追求成功。如今，谁还会讥讽和田先生是一位“失败者”？

在竞争日趋激烈的社会，“弄潮者”都希望自己成功。然而，不懂得“失败学”的人或许是难以“笑到最后”的。

互联网时代的创业者如何生存

在创业之路上，创业者肯定会遇到这样或那样的困难和问题，此时常常有这样两种：一种是碰见困难避而远之的人；另一种则是迎难而上，主动去寻求方法的人。主动去寻找方法解决问题的创业者，他们的创业成功机会较大，于是，他们创业成功了；碰见困难避而远之的创业者肯定沦为失败者。为此，一位企业家说：“创业成功必有方法，失败必须有原因。近年来，关于成功的书籍数不胜数、形形色色。然而，一个创业者要真正地取得成功，仅靠立志成功那是不够的，还必须要有实际有效的方法才行。”

在网络上，人们以社群的形式存在。社群是以人们的兴趣和对人们的价值区分开来的。有自己独特的能力就可以找到属于自己的社群，从而为自己赢得独特的价值。

这是一个极客化生存的时代，这是一个专家化生存的时代。让自己的优势更为强大，就能让自己更为凸显出来，被认识到，被选择。

我友网2010年12月高调上线，百名艺人红人祝贺，号称要做中国最大的社区电子商务的巨无霸公司，号称是中国互联网的最大创新。

这是一家在上海业内极其神奇的公司。也只有中国才能有这么神奇的企业出现。

创始人是个富二代，家族据说是西安首富。该家族旗下拥有多家上市公司，并拥有中国知名的某家上市民营银行的5%股份。集团资产超过1200亿元人民币。

创始人从海外留学回来以后，一心想做互联网。父亲虽然认为孩子胡闹，但是依旧给了他一大笔钱，让他在上海创业。一开始做视频网站，不成功之后。父亲本来以为孩子可以收心回来；但是孩子拒绝了。

于是父亲派自己得力的副总来上海劝他并接手公司事宜。没想到，该助手到了上海后，被孩子说服，决心留在上海，从事伟大的互联网变革事业。该副总说服集团掌门人继续注资，并为此调动其集团在全国的一切资源和关系。

比如互联网公司所应该拥有的各种牌照，包括视频，包括支付，都是从上面特批的，上海的各执行部门都是走个过场，比如嘉定区政府立刻批了一块地。

我友立刻高调在全行业挖人。从盛大、阿里都以双倍、三倍的工资挖了上千人，并确立目标要做成最大的社区电子商务，及社区游戏公司。总之一切互联网赚钱的，都要做。

结果是不言而喻的。在烧掉几个亿后，最后裁员转型。

据说是转型做支付了。

“互联网+”这个表述的含义是，今天这个世界上所有的传统应用和服务都应该被互联网改变。如果这个世界还没有被互联网改变，就是不对的，一定意味着这里面有商机，也意味着基于这种商机能产生新的格局。传统的广告加上互联网成就了百度，传统集市加上互联网成就了淘宝，传统百货卖场加上互联网成就了京东，传统银行加上互联网成就了支付宝，传统的安保服务加上互联网成就了360，而传统的红娘加上互联网成就了世纪佳缘……互联网只是工具，只是如电力一般的基础设施。互联网是一个无处不在的效率提升器。各行各业运用“互联网+”的本质是用互联网去找到行业的低效点，如同潮水一般没过企业营销、渠道、产品、运营各个环节的效率洼地，帮助企业实现增效转型升级。随着与传统行业融合的不断深入，互联网将爆发出更大的正向推动能量。

“互联网+”，“+”的是传统的各行各业。在中国互联网过往近30年的发展历程中，互联网与广告、零售、银行、通信等传统行业的结合，在造就百度、阿里巴巴、京东、腾讯等优秀互联网企业的同时，也为中国的经济转型升级提供了新路径和宝贵的经验。我们看到每一个传统行业都孕育着“互联网+”的机会。越来越多的传统企业也已经把拥抱互联网提升为企业战略。但有的传统企业却寄望于找到“互联网+”的黄金法则或普适办法，妄想可以一蹴而就。

我们必须指出，“互联网+”没有普适的方法和路径。每个行业每个企业在互联网化的过程中，都应该有只适用于自身的路径。企业应该基于内部数据及外部大数据资源的利用，充分了解自身所处行业及关联行业的生态。从战略到意识，从能力到技能，从数据挖掘到量化决策，企业上至高管下到基层员工都要统一思想和步调，全身心地拥抱互联网，找到适合自己的“互联网+”路径，利用互联网去优化、改造甚至重塑自我。在互联网化的过程中，每个企业都在“去中心化”。其核心就在于找到自身行业的本质，将其与互联网结合，把老中心打掉，建立更有利于自己、更大规模、更有效率的新中心。

在未来，每个行业都将是与互联网有关的行业，每个企业也都将是与互联网有关的企业。所谓的“互联网行业”、“互联网企业”将变成现在“电力行业”、“电力公司”一样提供互联网基础服务的行业和企业。

在寻找“互联网+”的过程中，我们首先注意到了用户所处的环境变化。我们已经生活在一个多屏的时代。而各行各业所提供的服务会以上述“互联网+”的公式存在，从而重新改造和创造我们今天所有的产品。

而对用户而言，他们未来不会关心他们接入的方式，不会关心他们所使用的操作系统。因为他们面对的每一个面都可以是一张接入互联网的屏，通过它们能将用户和互联网、企业所提供的应用和服务随时随地联系在一起。这就足够了。

也许对创业者来说，当熟悉了这样一条路径之后，我们基于“多屏全网跨平台”的理念，与行业结合，才有机会再往前迈一步。我们的传统行业才能真正地转型，从而创造新的局面。

在“互联网+”的实践前行路上，在创新方向的选择上，形容词比名词更重要。这就好像马车公司了解用户需要更好更舒适的马车。关注“马车”这个名词的企业，成了历史的炮灰，而关注“更好更舒适”的人创造了汽车。而在创新的落地上，名词又比形容词更重要。这就好比互联网金融的实质是金融，而不是互联网。互联网本身并没有创造新的供需关系，它只是工具，帮助各行各业创造更为广阔的发展空间。只有当企业内外部都不提“互联网+”的时候，企业才算真正走完了自己的互联网化之路。

展望未来，随着互联网与各行各业的融合越来越深入，具有高度人工智能的机器人将从科幻电影走入我们的日常生活。或许到了2025年，我们每个人都将拥有自己的机器人。当生物科技与互联网结合，人类自身也会成为互联网的一部分。

蒸汽机出现后，人类的生产效率开始大幅提升。颠覆性技术让整个人类社会向前迈出了一大步。生活在“互联网+”的时代，我们应该拥抱互联网，放飞梦想。2025年的我们将完成现在很多想都想不到的事情。

创业者需要什么样互联网概念

如果说，过去我们对科幻作家威廉·吉布森（William Gibson）这句话的理解还不那么深刻的话，我们面对互联网、“互联网+”似乎都可以变成那位先知，以我们的亲身感受，来给出未来流行度的一个预判。

24券是哈佛毕业的杜一楠创立的团购公司。杜一楠创立24券前是著名PE公司KKR的投资经理，擅长融资。24券的投资方包括马来西亚成功集团、新加坡Vickers Venture Partner等机构，前后注资超过1亿美金。

在团购泡沫破灭后，24券欠了供应商一个多亿。投资人派驻代表KK作为COO进入公司。在缩减规模后，在部分城市已经可以实现盈利。但在投资方打算继续注资时，24券内部撕破脸，CEO杜一楠和投资方代表KK两派人马矛盾爆发，互发内部邮件痛斥。

后者指责CEO涉嫌“私吞”200万元公司财产并“跑路”到美国。而实际爆发原因是资方在新的注资条件下，要求CEO把股份稀释到个位数，引起创始人不满。

撇除道德和人品角度不谈，创始人杜一楠作为KKR的投资经理，哈佛毕业，在资本圈能忽悠到钱，但是管理能力和经验不行。资方实际上是一群新加坡的财团投资，而新加坡人管理过于细致，算计过于精明，不适合中国式的草莽江湖的做派，最后激发和管理层利益上的分配矛盾一点都不奇怪。这只能证明是在错误的时机一桩错误的婚姻，要离婚的时候又心怀鬼胎。

最后，公司因无法正常运营，暂停。

不过，通过此事，我们可以这样说，在互联网时代，我们未必不可以再加上另外一句话："连接已无处不在，将来终连接一切。"

麦肯锡推崇iGDP（互联网经济占国内生产总值的比重），重点考察互联网在GDP（国内生产总值）中的贡献度；华为认为"连接"是新的生产要素，并推出"全球连接指数"，据以判断一个区域、一个行业的竞争力；近期腾讯亦将发布移动互联发展指数。

乔布斯视"一切都将无缝连接"为苹果的持续竞争优势；扎克伯格2014年确立的脸谱网（Facebook）下个10年三大发展方向，排在第一位的就是"我们想要连接整个世界"；而张瑞敏的海尔通过"人单合一双赢"战略（"人"是员工，"单"是用户价值），将每个"人"和他的"用户价值"连接起来，人人是创客，"企业即人，人即企业"。

在2013年的WE大会上，马化腾曾提出了"互联网的未来是连接一切"的观点；2014年，全球移动互联网大会上，腾讯首席运营官任宇昕对"腾讯是一家连接型的公司"进行了阐释；世界互联网大会上，马化腾进一步明确腾讯要回归本质，专注做"互联网的连接器"。在腾讯集团副总裁程武看来，"作为腾讯目前重要组成之一的互动娱乐业务，它的使命也应该是连接、维系人类一切的情感、梦想和想象”。

习近平和李克强正带领新一届政府着眼于人人、大众、万众这些小颗粒度的连接“细胞”，点亮从“人人皆可成才、人人尽其才”到“人人皆可创新、创新惠及人人”之火，用“互联网+”连接人性，用“互联网+”培育生态，用“互联网+”锻造竞争优势。

什么是梦想？梦想就是可以对未来进行美好想象的空间。什么是未来？未来就是有梦想、有创意、有努力的人融合在一起可以到达的地方。什么是中国梦？中国梦就是通过有效的连接，让更多的人可以参与到梦想的设计中，让更多的创意、创新、创造集成交融，从而共创未来、各得其所！

谈“互联网+”，还有一个关键词不得不强调，那就是“生态”。张瑞敏希望把海尔变成一个平台、一个自然界、一个生态系统；腾讯则通过打造具有生态性的开放平台“把半条命交给了合作伙伴”，他们下一步的目标是打造最好的生态性全要素众创孵化平台。“互联网+”对于生态的建构、完善、要素匹配有独到的作用，不但可以实现跨界融合，而且促进信任产生、累积，再生发出更多的连接。所以，生态不仅给连接提供了环境，而且让连接自动生长。

有人曾经做过这样一个实验：他往一个玻璃杯里放进一只跳蚤，发现跳蚤立即轻易地跳了出来。再重复几遍，结果还是一样。根据测试，跳蚤跳的高度最高可达它身高的400倍左右，所以说跳蚤可以称得上是动物界的跳高冠军。

接下来，实验者再把这只跳蚤放进杯子里，并立即在杯子上加一个玻璃盖，“砰”的一声，跳蚤重重地撞在玻璃盖上。跳蚤十分困惑，但是它不会停下来，因为跳蚤的生活方式就是“跳”。一次次被撞，跳蚤开始变得聪明起来了，它开始根据盖子的高度来调整自己所跳的高度。再过一阵子，这只跳蚤就在杯子里自由跳动，再也没有撞击到盖子。

一天后，实验者把这盖子轻轻拿掉，跳蚤不知道盖子已经去掉了，它还是以原来的高度继续地跳。

三天以后，他发现这只跳蚤还在那里跳。

一周以后，这只可怜的跳蚤仍然在这个杯里不停地跳着——其实它已经无法跳出这个杯子了。

现实生活中，是否有许多人也过着这样的“跳蚤人生”呢？年轻时意气风发，屡次尝试，但是往往事与愿违，在遭遇多次失败以后，他们便开始抱怨这个世界的不公平，怀疑自己的能力，他们不再不惜一切代价去追求成功，而是一再地降低自己的目标。就像上述实验中所讲的跳蚤，它或者早已经被撞怕了，不敢再跳，或者已习惯了，不想再跳了，虽然阻挡它跳出杯子的玻璃盖已拿掉，但它已永远放弃了再次成功的机会。人们往往因为害怕失败，而索性停止追求，甘愿过着平庸的生活。

难道跳蚤真的不能再跳出这个杯子了吗？绝对不是，只是它的心里已经默认了这个杯子的高度是自己无法逾越的。

让这只跳蚤两次跳出这个玻璃杯的方法十分简单；只需拿一根小棒子突然重重地敲一下杯子，或者拿一盏酒精灯在杯底加热，当跳蚤热得受不了的时候，它就会“嘣”的一下从杯子里跳出来。

创业者有些时候也是这样。很多创业者不敢去追求成功，不是追求不到成功，而是因为创业者的心里面也默认了一个“高度”，这个高度常常暗示自己，达到这个目标是不可能的，是没有办法做到的。

“心理高度”往往制约着人们的行为，使一部分人在为目标奋斗的过程中丢掉进取的勇气。要不要跳？能不能跳过这个高度？我能不能成功？能有多在的成功？这一切问题的答案，并不需要等到事实结果的出现，重要的是你对这些问题是如何思考的，当你能够无所畏惧地朝自己的目标奋勇前进时，答案就已经明了了。

不要轻易给自己设限，大声地告诉自己：我是最棒的，我一定会成功。

由此可见，在联网时代，只要我们能够转换思维，我们就能理解“互联网+”的四个要点：

一是要走出“互联网+”工具论的狭隘视野，不能只是从实用主义的角度、以自我为中心做取舍；一定把它当作更具生态性的要素来看待，它就是我们的生存环境、我们的生活、我们的生命不可分割的存在。

二是就像每个人心中都有一个哈姆雷特一样，每个人心中也都有一个“互联网+”，它和你的时间、你的空间、你的生活、你的事业、你的行业、你的关系、你的现实世界与虚拟世界纠缠在一起。每个人都有权对“互联网+”做出定义、进行解读。比如，漂在北京的你和老北京人，“互联网+”对你们的意义是有所不同的；你从在媒体行业做采编到做汽车售后市场服务，对于互联网的界定是有巨大差异的；而一个游戏菜鸟和一个深度沉迷者对于游戏公司的价值完全不可同日而语。所以，你不需要迷信别人的定义。读这本书前后，相信你对“互联网+”的看法会截然不同。当然，我也相信，你任何时间对“互联网+”给出的界定都不会是最终答案。

三是尽管“互联网+”具有动态性，但我还是想给你一个粗略的、先入为主的线索：“互联网+”的特质用最简洁的方式来表述，只有八个字——跨界融合，连接一切。如果说连接一切更加代表了“互联网+”和这个时代的未来，那么，跨界融合是“互联网+”现在真真切切要发生的事情。独立TMT（电信、媒体和科技）分析师付亮也赞同“互联网+”就是连接一切。正是这种跨界、融合会面临各种可能与不确定性，所以就像第二点强调的，“互联网+”是动态的。

四是切忌孤立地看待、解读“互联网+”。“互联网+”是生态要素，当然，生态要素具有很强的协同性、全局性、系统性。其实我们综合地去看待创新驱动发展、大众创业万众创新、“中国制造2025”、智慧民生，会发现它们是无法分割、片面理解的，串起这些珍珠的线就是“互联网+”。有些人可能会跳将出来，说这是误读，是歪曲。他们坚定地认为“互联网+”就是工具，就是一个选择。好在“互联网+”允许他们试错，因为“互联网+”主导的创新生态提供了试错纠错的平台。

所以说，“互联网+”不会是停留在字面上的一个概念，未来它对于产业、经济和整个社会都会有非常长远深刻的影响；而且一定会汇成一股越来越强大的力量，推动一个新时代的来临。

用互联网式的大脑创业

创业者要想成功，必须总结教训。我们常讲“失败乃成功之母”，其实，教训也可以说是经验之“母”。成功固然有经验可以总结，失败也有教训可以吸取。做一件事情很难一下子就成功，往往要经历多次失败，从这一点看，教训总是产生于经验之前。只有认真地总结吸取教训，才能力争成功，得到经验。不管我们愿不愿意承认教训，教训总是客观存在的，不敢查找教训的人其实是在回避矛盾。教训是对挫折和失败的理性思考，它告诉我们的是“不该”。吸取教训，更加理性地分析产生问题的原因，从中寻找出带有普遍性的规律和特点，可以使我们对客观事物的认识更加准确深刻。教训既可以给遭遇挫折的人留下避免再次失败的路标，同时又可为他人留下前车之鉴。古今中外，有识之士无不从自己或他人的教训之中寻找良方，避免重复的失误，从而获得成功。从这个意义上讲，教训同时是一笔可贵的财富。

史玉柱、马云、陈天桥、马化腾、丁磊、刘德建这6位IT大佬，其创立的巨人、阿里巴巴、盛大、腾讯、网易、网龙，无疑是中国互联网的6大骄子企业。任何一家企业的市值都在10亿美元以上，全部加在一起的总市值超过200亿美元。

我们来分析他们创业成功的经历，居然有惊人的发现。虽然他们的性格迥异，企业发展方向也各自不同，但是其创业成功的密码却有惊人的相似性。

一、惊人一致的创业资金密码：大多只有50万创业资金起步。

史玉柱、马云、陈天桥、丁磊、刘德建的创业资金惊人的一致，都是自己出资，而且创业资金并不雄厚，大多只有50万元！史玉柱搞脑白金时向朋友借了50万，马云是18个创业伙伴凑了50万。丁磊、陈天桥、刘德建也都只有50万元出来创业。只有马化腾的创业资金似乎多一些：100万。丁磊最初创业只有7平方米的小办公室，马化腾也在赛格一个小小的写字间开始创业，马云和陈天桥都是在租来的住宅里开始创立宏图大业。现在一些大城市开始禁止住宅办公，不知道要因此扼杀多少未来阿里巴巴和盛大这样的大企业。

现在很多创业团队动不动号称N百万美金的VC投资，看看这6位大佬最初的创业资金真是少得可怜，创业初期也是难以置信的艰难。如果史玉柱、马云、陈天桥、丁磊、刘德建都要等VC投资才出来创业，估计他们有可能要等上100年。

二、惊人一致的起步挫折密码：创业初期大多举步维艰甚至遭遇重大挫折。

6位大佬在创业初期，几乎都有过一段类似红军被国军围剿的艰难时期。史玉柱是在巨人大厦上遇到重大挫折，马云的阿里巴巴、陈天桥的盛大、马化腾的腾讯、刘德建的天晴数码，在创立的头1–2年，发展得都并不顺利，处于举步维艰阶段，甚至都遭遇过重大的挫折。腾讯出现过9个月发不出工资的最艰难时期；网易出现过用股票发工资留人的最艰难时期；刘德建数次找亲戚借钱挺过企业发展初期；史玉柱的团队也曾有一段很长时间发不出工资艰难时期。史玉柱和陈天桥在最艰难的时期，都曾有过失败以后继续打工的打算。

6位大佬已经是人中之精英，精英中之豪杰，他们的团队也是非常的团结和齐心协力，最初的事业居然大多都遇到重大挫折，可想而知，现实是非常残酷的，市场环境这潭水是多么深不可测的。不过，不经历风雨怎么见彩虹？正如史玉柱所说：失败是成功之母，成功是失败他爹。遇到挫折和失败非常正常，关键是看谁遭遇挫折和失败，不经历失败和困苦的企业和团队，不会痛下决心做出巨大的转变，凤凰只有浴火才能涅磐。

三、惊人一致的业务转型密码：企业发展战略大多有重大转折。在公司发展初期举步维艰时期，6位大佬大多都痛定思痛，甚至壮士断腕，采取了惊人一致的公司发展战略的大转折，如同红军开始转入长征一般，拉开最痛苦最终也最辉煌的战略转型大幕。史玉柱转型做脑白金，马云从黄页开始转型做电子商务，陈天桥从动漫社区转型做网络游戏，马化腾从电子寻呼转型做QQ，丁磊从邮箱转型做门户、短信业务，刘德建出售17173换取发展资金专心做网游……往往他们的转型，才真正奠定了他们今天的成功。

再牛的人，也不可能一次就成功，就如同科学家爱迪生要做1000次试验才能成功发明灯泡，华盛顿要经历7次失败才能打败英军。世间成功的人大多是经历了无数次失败，才最终成功。所以，创业者不要指望第一次创业就成功，要做好遭遇1~2次重大挫折的准备，有时候坚持是对的，但是在关键时刻做重大的战略转型也是对的。

四、惊人一致的团队组成密码：创业团队大多都是同事、同学、亲人。

巨人、阿里巴巴、盛大、腾讯、网易、网龙的创业团队几乎惊人的一致，其核心成员都是6位大佬的同事、同学、亲人。史玉柱的巨人团队成员大多是史玉柱的大学同学；马云的阿里巴巴团队成员大多是师生、师徒关系；马化腾的腾讯团队成员大多是大学同学、润讯同事；陈天桥的盛大团队成员大多是亲人、同学、同事；网龙创业团队成员则是刘德建和刘路远亲兄弟两人齐上阵。

他们的创业团队组成非常质朴，不是共事多年的同事，就是昔日的大学同学，或者就是弟弟妹妹齐上阵，团队成员的背景更称不上华丽，和现在很多新公司高管们超华丽超炫目的高层从业背景，形成了鲜明的对比。这样的团队组成，似乎在企业遭遇困难之时，凝聚力要更强一些，而且默契度也更高，企业的战略决策高度统一，在企业取得成功后，也获得了超额的回报。

五、惊人一致的成功业务密码：大多靠不起眼的简单业务大获成功。

史玉柱、马云、陈天桥、马化腾、丁磊、刘德建这6位大佬当年真正发家的业务，往往都是当时业界看起来并不起眼的业务。不仅不看好，甚至被嘲笑。史玉柱搞脑白金，外界都不看好，嘲笑挖苦者众；马云搞电子商务阿里巴巴，被骂是骗子，跟进者自然不多；马化腾差点要卖掉QQ；刘德建搞网游也不被看好；陈天桥搞网游更是孤注一掷，30万美元代了一个韩国2线网游，最终取得巨大成功。

六位大佬真正发家的业务大多都不是高难度的项目，所需要的资金和技术含量也并不是很高，很多公司都能做，甚至也都做过，但是只有他们真正专注地做好，并在商业模式上不断创新，最终获得了成功。小公司在创业初期，起点不能太高了，有一句话很好：心要高，起点要低。要做创业团队1~2年内能做到最好的东西。

六、惊人一致的强人性格密码：六位大佬大多具有强人的不服输性格。史玉柱、马云、陈天桥、马化腾这四位大佬的性格特点最大相同之处，就是都具有强烈不服输的强人性格，天不怕地不怕，言语犀利，行事张扬，说话直言快语，说话容易得罪人，企业策略都非常有魄力和大胆，竞争往往是最大的搅局者，在企业管理上也比较强势一些。丁磊和刘德建的性格则相对稳健一些，但是在内部的管理和决策上也是非常的强势，隐藏着一种不甘人后不服输的强人性格。

史玉柱、马云、陈天桥、马化腾、丁磊、刘德建在创业之前，大多都不是企业的高管，不是普通的教师，就是普通的工程师，似乎都是一群不被重用的人，这似乎和他们的性格有关。大公司一般不喜欢强人性格的人，而需要绵羊性格的人。六位大佬的强人性格，注定这辈子不可能成为某些大公司的高管，也就注定他们对现状不满，出来创业，最终走到现在。

总结巨人、阿里巴巴、盛大、腾讯、网易、网龙的成功密码，我们似乎可以发现：成功需要坚持不懈，即使资金少、起步困难，只要坚持下去就有成功的可能，创业过程中有苦才有甜，凝聚力和执行力是一个创业团队最重要的东西。

这个世界讲究多样化多元化，成功亦无定法，成功者的细节之处有太多不同——但是他们经历的关键点都是相同的，性格决定命运，百折不挠，做好最坏的打算，做好遭遇1-2次重大挫折的准备，用最艰苦的环境来磨练自己，才有可能置之死地而后生。

翻看中国的互联网发展史，我们也能看到中国1978年开启改革开放，但今天我们所熟知的线下企业大多是1984年后才成立。到1994年中国商用互联网元年，中国的线下产业没有获得一段足够长的时间进行发展。而改革开放以来长期两位数的经济增长，导致线下产业更多是以粗放型方式进行扩张，线下大而不强、服务差、缺少标准化等问题十分突出。

2008年的全球经济危机、2012年后中国经济进入新阶段，到政府所认可的“新常态“，这都表明原有的经济和产业增长方式已经难以适应新形势，产业转型升级成为必然。而借助科技和互联网，进行精细化运营成为少有的选择。

与此同时，2013年后随着互联网一代成为消费主群体，原有的规模化硬性生产+流通无法满足新消费群体的新消费需求。在中国，互联网占据了年轻一代的心智，不仅在价格和便利性上，甚至在可信赖度上互联网方式都超过了线下渠道。摆在传统商家面前的选择不多，以互联网方式进行品牌传播、销售、客户关系管理、生产成为必然。

2013年这个时间节点上，传统产业和消费的转型升级，需要依赖互联网；互联网的进一步发展，也需要借力实体经济。正是在两方面的因素下，“互联网+”的初级形态O2O模式在2014年在各行各业全面开花，而在未来三五年，“互联网+”将发展到更高级的C2B阶段。

2015年，中国把“互联网+”纳入国家行动计划，是经济新常态下的理性选择。以“通信+能源”为架构的历次工业革命里，印刷+蒸汽能源催生了第一次工业革命，电话电报+电能催生了第二次工业革命，中国处在第三次工业革命的进程中，借力科技互联网+新能源，有望同步完成工业3.0和工业4.0的艰巨任务。2015年5月8日，国务院发布的《中国制造2025》强调新一代信息技术与制造业深度融合为主线就是这个原因。

实际上，在由轻决策向重决策发展、由C端往B端发展的同时，“互联网+”也正由第三产业向第二产业进而向第一产业渗透。目前，“互联网+服务”已经有了较深的发展，2014年中国一大批服务类O2O公司的崛起就是例证。接下来，从生产制造和流通端改进原有方式的价值会更加凸显。

国家从战略角度考虑“互联网+”，借助以互联网为代表的新技术力量，长远的目标会是提升综合国力和国际竞争力。目前，中国已经成为全球第二大经济体，将取得与之适应的国际影响力和话语权。无论是国家层面的一路一带战略，还是企业层面的国际化扩张，需要比以前有更高效的打法。中国国家互联网信息办公室成立，世界互联网大会在中国举办，种种迹象表明，互联网的无边界属性，在助力中国实现国际战略目标上发挥的作用将越来越重要。

互联网向“互联网+”的演进是必然，中国互联网发展到2013后网民红利几乎消磨殆尽，要获得更广阔的发展空间，可选的方向有：国际化扩充地域，更加追求极客和技术，和线下结合。其中，往线下走与实体经济结合是最好的方向。阿里和京东的成功代表着互联网+零售在中国取得了极大成绩，“互联网+X”因此能给市场足够大的想象空间。

如今，“互联网+”已经成为社会发展的一种新常态，每一个社会及商业阶段都有一个常态以及发展趋势。“互联网+”提出之前的常态是千万企业需要转型升级的大背景，接下来一段时间，“互联网+”在宏观方面会有十个大的发展趋势。

趋势一：政府推动“互联网+”落实。

“互联网+”是全国性的，就如“三个代表”一样，各地政府都会提出建设主方案，然后招标或者外包给能够帮助企业做转型的服务型企业去具体执行。在今后长期的“互联网+”实施过程中，政府将扮演的是一个引领者与推动者的角色。

一是发现那些符合政策并且做得好的企业并立为标杆，起到模范带头作用。

二是挖掘那些有潜力的企业，在将来能够发展成为“互联网+”型企业，算是案例。

三是结合各地实际情况，建立更新更接地气的“互联网+”产业园及孵化器，融合当地资源打造一批具备互联网思维的企业。

四是引进“互联网+”技术，包括定期邀请相关人员为当地企业培训互联网常识，以及对在职员工的再培训等。

五是资源对接，与各大互联网企业建立长期的资讯、帮扶、人才交流等关系，在交流中让互联网企业与传统企业相互交流，便于进一步合作。

趋势二：“互联网+”服务商崛起。

接下来会出现一大批在政府与企业之间的第三方服务企业，这些企业可能会以互联网企业为主，但不排除部分传统企业也会逆袭成为“互联网+”服务商。其实从服务角度来看，传统企业转型为“互联网+”服务商也是一种转型。

这是一种类似于中介的角色，他们本身不会从事互联网+传统企业的生产、制造及运营工作，但是他们会帮助线上及线下双方的协作。更多的是做双方的对接工作，盈利方式则是双方对接成功后的服务费用及各种增值服务费用。

这些增值服务可能会是培训、招聘、资源寻找、方案设计、设备引进、车间改造等。初期的“互联网+”服务商是单体经营，后期则会发展成为复合体，不排除后期会发展成为纯互联网模式的平台型企业。第三方服务涉及的领域有大数据、云系统、电商平台、O2O服务商、CRM等软件服务商、智能设备商、机器人、3D打印等。

趋势三：第一个热门职业是“互联网+”技术。

“转型红利”期的第一个热门职业会是“互联网+”技术。由于社会及行业的需要，会催生大量的专业技术从业者。这个职业群体的构成会是成熟的技术人员及运营人员，更多的通过培训上岗的人员。

从事“互联网+”服务商的工作，要求每一个人都有整体规划性思路，他们能够根据“互联网+整体解决方案”做事，然后再有一个具体而擅长的领域，譬如运营及技术等，通过不断的向下延伸而匹配到线下的传统企业中。

甚至，“互联网+”服务商要为每一个企业配备数个服务代表，工作人员“驻商”或者“驻岗”，为企业提供一对一的服务。

趋势四：“互联网+”职业培训兴起。

政府及企业也需要更多懂“互联网+”的人才，关于“互联网+”的培训及特训的职业线上线下教育会爆发。在线教育领域，职业教育一直是很火的教育类型，同时市场份额也占的比较大，每年都会有很大的进步。

在“互联网+”这一轮热潮中，针对互联网+职业教育会兴起，可以具体细分到每个工作岗位的具体工作。其实这些培训还是互联网企业的职位，传统企业想改变企业架构，需要配备更多的专业技能职工。

“互联网+”职业培训面向两个群体，一是对传统企业在职员工的培训，二是对想从事该行业的人员的培训。

趋势五：平台(生态)型电商再受热捧。

在电商方面，平台型电商及生态型电商会广受关注，包括大型平台及地方平台，无论是淘宝、京东还是某地的小型商城，将会有更多的传统企业与其接洽。甚至这些平台会专门成立独立的“互联网+”服务公司，更深入到企业内部。

对于传统企业而言，在初期的转型实操上，更多企业会选择加入一个平台或者生态。一来可以从平台或者生态上积累部分资源并学习其运营模式，二来可以避免自搭平台运营失败的情况出现。

加上平台或生态，也能更好地认知自身的资源优势与不足，通过与其它商家合作，了解整体产业链布局，建立格局观。

这有利于传统企业找到转型突破点，以后才能以点代面，企业自身也有可能发展成为一个生态。当然，平台或生态不只是线上的，线下的资源整合到一定程度，也能催生出平台。更多的平台或者生态出现以后，“互联网+”要做的只是生态与平台的连接，更有利于行业的整体升级。

趋势六：供应链平台更受重视。

供应链平台会成为重中之重，专门设计和研究供应链的商家会成为构成传统企业新商业模式主架构部分的服务者，这是每一个接受“互联网+”的企业应该遵循的。

企业及行业转型的根本是供应链的互联网化，也是供应链的优化与升级。对于一个传统企业来讲，人员架构可以变得像传统企业一样扁平，技术人员也都可以配齐，考核制度也可以效仿互联网企业，但是更底层的供应链改造是个非常困难的问题。

供应链涉及物流、现金流等各种维持企业运营的重要因素，很多传统企业在现在看来根本是无法改造的。传统供应链模式相对效率低下，互联网化以后的传统企业必定会受其拖累。因此，“互联网+”要求有一部分专门研究供应链设计及改造的专业人才站出来，为广大需要转型升级的企业服务。

趋势七：O2O会成为“互联网+”企业首选。

O2O将会大受重视，O2O已经成为当前商业都在探讨的话题，只是O2O不算商业模式，只是一种形式，广大传统企业可以借用这种方式而进一步改造原有的商业模式。

同时，作为连接线上及线下的新商业形式，会成为当前广大传统企业的首选，O2O相关的资讯公司及研究单位会受重视及热捧。在“互联网+”被提出以后，很多认为在线上线下产业相融合的大趋势下，O2O已经没有位置了，这个看法是我们不认同的。

作为专业研究线上线下相连接的一种商业形式，目前很多传统的企业尤其是手工业已经从中找到了适合企业发展的模式，这种模式正是“互联网+”模式需要借鉴的。

大量O2O企业的案例可以为传统企业转向提供经验，也可以为互联网企业融合传统企业提供思路。接下来，O2O会是每个传统企业的必修课，也是线上企业必须研究的课题。同时，我们认为“互联网+”之所以被政府推出，各种基于O2O的商业模式是其参考，也算是一种变向的推动。

趋势八：创业生态及孵化器深耕“互联网+”。

目前，全国的孵化器已经超过1200个，2015年是孵化器的整合元年。同时，孵化器在接下来的发展中，将主推“互联网+”，传统企业融合“互联网+”的新模式企业将会与高新产业一样受到孵化器的重视。

“互联网+”被作为政策推出来的另一个原因，是因为当前进入了全面创业的时代，大部分创业项目或多或少都与移动互联网相关。智能硬件、在线教育、O2O等领域创业项目的火热，间接推动了新材料、传感器、集成电路、软件服务等行业的兴起，这些领域同样也出现了足够多的创业项目。

当前，围绕互联网的创业项目已经形成了一个生态，创业项目的关联性是一条脉络，这条脉络可以梳理与整合某些行业的全产业链；物联网是另一条脉络，这条线把智能硬件、可穿戴、生物医疗等领域连接起来。

整个创业生态都是围绕移动互联网的，政府牵头推出“互联网

+”政策，正是为了推动更多的互联网创业项目的产生。在政策的激励下，会有更多的互联网创业项目出现，传统的创业项目也就越来越好，以此来解决行业的升级。所以，接下来各地的孵化器将会主推“互联网+”项目。

趋势九：加速传统企业的并购与收购。

互联网企业投资持股传统企业已经屡见不鲜，事实上传统企业投资或者收购互联网企业的案例也不在少数。在以往的传统企业转型研究中，我们认为入股与并购是传统企业互联网化最简单快捷的方式。

这比传统企业高薪挖电商运营团队或者引入高科技人才更直接有效，引进团队和人才还需要很长的时间与企业原有结构及运营模式磨合，也不是所有企业都适合直接转变运维模式的。

直接收购互联网企业，企业的全部业务打包性的与传统企业对接，相当于互联网业务外包但又是内部的公司，双方的业务及职工又不受冲突，可谓一举多得。

不要看互联网企业价值多少亿美元，市值500亿美元以上的互联网公司也就那几个，线下的资本要比线上多很多。大量的民间资本长期累积，过去这些资本都投银行、能源等传统行业，近几年来随着实体行业的萧条与不景气，这些手握大量资本的企业开始着眼互联网，很多专注互联网投资的基金都有传统企业的身影。

线下资本投入线上，有利于民间资本的优化及再分配，“钱生钱”的投资模式如今已经走向病态，以P2P等巧立名目的民间非法集资还在与日俱增，如果这部分钱能够转投创业项目，将会更好的促进社会的整体转型。

趋势十：促进部分互联网企业快速落地。

“互联网+”虽然更多的是互联网与传统企业的融合，其实很多互联网企业也在寻求切入传统市场，这些企业也需要转型。最鲜明的例子是当前数以万计的手机应用，这些APP肢解了PC互联网的市场，短时间内积累了超过千万甚至上亿的用户，但是缺乏更好的商业模式，简单地说就是找不到挣钱的来路。

可能用户很多，活跃度也很高，但就是无法直接变现，或者用户的消费能力太差。基本上每一个APP都是某个行业或者其细分领域的代表，在线上无法解决盈利问题的时候，这些商家都有落地线下的趋势。如唱吧在尝试自己做KTV以及与线下KTV合作，墨迹天气开始做硬件商家合作空气检测及空气净化的硬件。

如果说过去是互联网企业主动找传统企业，谈及的条件等方面会非常被动，“互联网+”则会让传统企业主动找互联网企业。譬如在“治霾”这个问题上，污染严重的制造业以及传统检测设备的商家可能都会找到互联网企业，以提供整体解决方案及产品合作方案。“互联网+”政策能够促成过去这些商家做不到或者不敢想的事情，这也算是将来一个趋势。

在互联网+时代下如何做好自己的创业公司

“互联网+”与“双引擎”是“克强经济学”中一个最新而且颇具分量的模块。新常态不会自动翩然而至，要经历深刻的变革，需要“过五关”，方有可能迎来理想的新常态。中国这个庞大的经济体不像一部汽车，踩一下离合就可以换挡了，给点油门就可以加速了。再说了，这个庞然大物结构上还存在不小的问题，动态平衡差、调适能力弱，加之过去的惯性，所以，其切换难度之大、过程之艰辛可以想见。大家既要保持耐心，又要汇聚智慧。

滴滴打车一开始只在一个城市(北京)，用最精锐的部队验证自己的模式，成功时再横向复制，从而形成了今天的规模。但开拓北京的市场，却不像滴滴创始人程维想象的那样简单。

推广初期，没有出租车公司愿意和滴滴合作，员工都很沮丧。程维鼓励大家：再坚持一下，跑完全部189家公司，没有一家愿意跟我们合作，我们就认了，放弃！

经过不懈的努力，滴滴终于谈下来第一个出租车公司——只有200余辆车的银山出租车公司，这家公司的老板允许程维在司机例会上演讲15分钟介绍产品。

那场推广会有100个司机在场，但只有20位有智能手机。面对滴滴的讲解，司机们面面相觑，这又是新骗术吧?

最后，有8位司机安装了客户端。程维拿着合同给其它出租车公司看——人家都做了，你们也可以尝试一下啊！就是这样，滴滴敲开了第二家、第三家公司。地推团队也开始有了干劲儿。

2012年9月，滴滴打车上线，有500位司机安装了客户端，但是上线的人数只有16个。程维给大家鼓劲：起码有16个司机相信我们，我们不能让这16个人失望！没有订单，我就找人去打车……

于是程维面试了一个人，每天给他400块钱，让他绕三环打车。当时还特意嘱咐：不要去昌平，资金有限，省着点花……

除了各个公司推广，滴滴的地推团队还设立了线下服务点，分布在北京西站、南站、南苑机场等司机聚集的地方，他们每天7点抵达开始工作，一直持续到晚上10点。出租车师傅慢慢驶过去的时候，地推的小伙子就抱着笔记本冲过去：师傅，你有智能手机吗?

为了保证体验，地推的小伙们会考虑到每个细节：他们把安装时间控制在3~5分钟，最后压缩到1分钟一个，否则司机会不满。在司机方便的厕所发传单时，他们会考虑是司机进去的时候发传单，还是出来的时候。因为如果是进去时发的传单，出来时往往就被扔掉了……

就这样，滴滴慢慢积累了第一批种子用户。

通过滴滴的发展我们可以看，一个企业在互联网时代要发展，就必须注意到以下要点：

要点一：新常态要转换新驱动、新范式。由过去的资源驱动转为创新驱动，既面临思想的转换，又有机制、体制的变革，还有对纳入新范式、新轨道的不适应与排异。这里“互联网+”会为结构的变化、融合的产生、创新的发生提供支撑。工信部部长苗圩表示：“在新一轮科技革命和产业变革中，各国都在研究如何抢占新一轮发展的制高点。我们认为，互联网和传统工业行业的融合是要认真重视和抢抓的机遇，这也是所说的制高点问题。还有一个切入点的问题，或者说主攻方向。我们经过研究认为，智能制造就是主攻方向。前几年我们已经做了一些探索，比如两化融合的试点示范，在这个基础上把智能制造抓在手里，是解决我国制造业由大变强的根本路径。”

要点二：新常态需要找到新引擎。针对2015年经济工作，李克强总理明确提出了“双目标”（双中高，即保持中高速增长和迈向中高端水平）、“双结合”（稳政策稳预期和促改革调结构）和“双引擎”（打造大众创业、万众创新和增加公共产品、公共服务），实现中国经济提质增效升级的总体思路和要求。双引擎的连接器正是“互联网+”。经济学家李稻葵就此评论说：据我了解这是第一次提出的概念。第一个引擎是市场的力量，主要体现在创新上，万众创新，要让中国经济的每一个细胞都动起来。这样的话，中国经济就有希望了，中国的调整和升级就好办了。

要点三：新常态要促进新生态发育。这是说起来容易、看起来简单、做起来相当复杂的事情。改革开放30多年，我们在技术市场、创新市场、知识产权发挥作用、智力资本显现威力方面亦步亦趋，生态系统要素不齐备、衔接不合理、开放性打折扣等问题长期存在，新的生态发育任重道远。

要点四：新常态要鼓励新业态。“互联网+”针对问题痛点、体验空白、价值盲区所实现的跨界融合会带来很多亮点。开放平台、众创空间就是新业态的最好示范。除传统行业、各类实业以及新兴产业之外，在细分垂直领域也会有大批兼具创新性和生命力的新业态不断脱颖而出。

要点五：状态转换要受得了阵痛。状态切换是新旧力量的角力，是心智与习惯的转换，需要时间考验，要经受质疑和唱衰的煎熬。2015年4月14日，李克强提出：现在中国经济正处在“衔接期”，一些传统的支撑力量正在消退，与此同时，一些新的力量则在成长，有的新业态新产业呈爆发式成长。但目前新旧产业与动力转换还没有衔接到位。不能忽视当前经济下行压力，必须牢固确立忧患意识。我们的调控政策既要利长远，也要稳当前，稳当前也是为了利长远。

腾讯参与“互联网+”生态的方式，主要是开放协作，跨界融合。小龙说“微信是一个森林，而不是一座宫殿”。我很认同。最近两年，腾讯将自己的业务做了大量减法，聚焦在最为核心的通信社交平台、内容游戏等业务上，其它则交给合作伙伴。这是几年来我们痛苦经验得出的结论，我们会坚定地做所有创业者最好的合作伙伴。我喜欢自留“半条命”这个说法，把另外半条命给合作伙伴，这样才会形成一种生态。

腾讯的开放平台上，如今已有几百万合作伙伴，数亿用户，很难讲今天的腾讯只是腾讯自己，企业正逐渐变成无边界的开放组织。

现在包括BAT三家在内的生态公司都往这方面努力，可谓英雄所见略同。腾讯早走一点，但只是早一点碰壁，早一点改而已，我相信大家都会走向开放。不管是数据开放、云平台、提供连接，我们都想把更多的信息孤岛连接到各自的生态体系，让更多传统行业在这个体系中共生、发展，让各自的生态体系里的用户获得更高的生活品质。这是良性竞争，看谁做得更好，生态体系的黏性、用户量就会越多。

经济领域之外，“互联网+”在公共服务领域的运用空间也相当广阔。例如，微信公众号平台可以聚合多项民生服务功能于一体，把政府服务大厅建在智能手机上，这将推动中国服务型政府以及“智慧城市”的建设。

2015年4月中旬，腾讯与上海市签订战略合作协议时，有位政府官员在交流时提出，“互联网+”代表着未来，是一种全新的生活方式、生产方式，甚至是社会形态变化的一种趋势。我觉得这种说法很有道理，“互联网+”确有无限想象空间。

“互联网+”会成为未来经济社会的起跑线。摩尔定律与梅特卡夫定律，这两个指数型增长的效应叠加在一起会发生什么？

“互联网+”可能带来大量“弯道超车”的机会以及被超越的风险。例如，互联网正在成为中国包容性增长的动力，对于发展相对落后的农村地区和中西部地区，“互联网+”带来了跨越式发展的可能性。

在更广阔的国际竞争中，我们看到资源禀赋不同的各个国家，正重新聚集在“互联网+”这个起跑线上较量：发达国家希望继续抢占优势生态位，而发展中国家则企望藉此实现“弯道超车”。时下大家热议的德国工业4.0和美国先进制造，都将互联网视为一个重要的基础和创新引擎。

回头看我们国家，工信部这个机构设置里，为什么把工业和信息产业放在一起管理？战略意义其实也早已明确。

2015年全国两会上，马化腾再次提了“互联网+”的建议。很庆幸，李克强总理在政府工作报告中首倡“互联网+”，正式提出“制定‘互联网+’行动计划”。对于在互联网行业一线工作十几年的人来说，这无疑是一个很大的喜讯。

今天，在“互联网+”的起跑线面前，不但我们互联网行业从业者，而且各行各业乃至整个国家，都需要把握难得的机遇窗口，做出至关重要的反应。

创业需要居安思危的准备

随着移动互联网的兴起，越来越多的实体、个人、设备都连接在了一起，互联网已不再仅仅是虚拟经济，而是主体经济社会不可分割的一部分，每一个经济社会的细胞都需要与互联网相连，互联网与万物共生共存，这成为大趋势。

过去两年，我在各场合提到最多的词可能就是“连接”。腾讯要做互联网的“连接器”，希望实现“连接一切”。连接，本身是互联网的基本属性。我们的QQ、微信，首先就是满足人与人的连接这个最基本的需求。现在，我们把人与服务、设备和内容源等连接起来，开始实现互联互动，虚拟与现实世界的边界已经模糊。

连接，是一切可能性的基础。未来，“互联网+”生态，将构建在万物互联的基础之上。

“互联网+”生态，以互联网平台为基础，将利用信息通信技术（ICT）与各行各业的跨界融合，推动各行业优化、增长、创新、新生。在此过程中，新产品、新业务与新模式会层出不穷，彼此交融，最终呈现出一个“连接一切”（万物互联）的新生态。

“互联网+”与各行各业的关系，不是“减去”（替代），而是

"+"（加）上。各行各业都有很深的产业基础和专业性，互联网在很多方面不能替代。

我经常用电能来打比方。现在的互联网很像带来第二次产业革命的电能。互联网不仅仅是一种工具，更是一种能力，一种新的DNA，与各行各业结合之后，能够赋予后者以新的力量和再生的能力。如果我们错失互联网的使用，就像第二次产业革命时代拒绝使用电能。

"互联网+"就像电能一样，把一种新的能力或DNA注入到各行各业，使各行各业在新的环境中实现新生。比如，在互联网平台上，文学读者、影视观众、动漫爱好者、游戏玩家之间的界限变得越来越模糊。游戏、动漫、文学、影视也不再孤立发展，而是通过聚合粉丝情感的明星IP互相连接，共融共生。可以说，"互联网+"给各个传统文化娱乐领域带来了一种新生。腾讯提出"泛娱乐"战略，围绕明星IP打造粉丝经济，正是行业所趋。

"互联网+"，是一种"寓大于小"的生态战略。在万物互联的新生态中，企业不再是社会经济活动的最小单位，个人才是社会经济活动的最小细胞。这使得传统企业的形态、边界正在发生变化，开放、灵活、"寓大于小"成为商业变革的趋势。

过去，企业自上而下地进行市场推广，现在则需要基于传感、数据，去感知每个用户每个瞬间的位置、需求、行为，快速理解和响应每一个细胞的需求和行为，甚至和每一个不同的人进行情感交流，产生共鸣。

未来，如果一个企业不能通过"互联网+"，实现与个体用户的"细胞级连接"，就如同一个生命体的神经末端麻木，肢体脱节，必将面临生存挑战。

借用“信息熵”的概念来说，“互联网+”生态中，连接所实现的层级单位越小，熵就越低，商业活动、社会经济的耗费就越少，效率也越高，确定性越强，有序程度越高，生态体系也越有活力。反之亦然。

“互联网+”代表着以人为本、人人受益的普惠经济。局部、碎片、个体的价值和活力，在“互联网+”时代将得到前所未有的重视。万物互联和信息爆炸带来的不是人的淹没，其实恰恰是人的凸显，每个人的个性更加容易被识别，消费者更灵活地参与到个性化产品和服务中去，实现以人为本、连接到人、服务于人、人人受益。

普惠经济也是一种集约型经济、绿色经济、共享经济，它能高效对接供需资源，提升闲置资源利用率，实现节能环保。例如，“互联网+”在拼车、房屋互换、二手交易、家政服务等领域创新迭出，“滴滴专车”为代表的共享经济正在井喷式发展，这为优化利用社会闲置资源、实现绿色环保，解决现代城市难题带来了新的思路。

开过车的人都知道，越是平坦宽阔的大道，开车时越容易出问题。因为道路太平坦，视野太开阔，人的精神就容易麻痹。所以，有经验的设计师在设计高速公路时，都会故意裁直取曲，故意设计一些弯道。

做人也是这样。一个人如果人生太顺利了，便难免自以为是，目空一切，而如果这个人又恰巧是一个企业家，那麻烦了，他的企业离“出事”不远。所以，有人说做企业不怕不赚钱，就怕一开始就赚钱，而且赚大钱。一开始不赚钱的企业，只要他熬得住，方向对头，早晚有赚钱的一天；而一开始就赚钱，而且赚大钱的企业，他赚的钱早晚都会是别人的，他等于是在替别人打工，替别人看家守业。这里面的原因，就在于“顺”，人一顺，就不太容易守“规矩”，不太容易把“规矩”放在眼里，将“规矩”当一回事。

事实上，大多数失败者都有一个共同点，那就是在过去都非常顺，以至于90%的困难，在失败前都没有想到，也都不知道那是困难。孟子说：“生于忧患，死于安乐”。我们从不少初创企业家的失利中都能看到“顺境”下的阴影。

陈一舟是千橡互动创始人，后更名人人，市值11亿美金。陈一舟曾创办ChinaRen社区。

当年，还在斯坦福求学陈一舟等人根据当时美国流行的几个社区网站的特点，设计了一个结合体，取名ChinaRen，取中西合璧之意。但硅谷没有人愿意投资他们的项目，最后只在斯坦福的同学那里“众筹”了20万美元。

1999年3月，他们回国注册公司，在得到了高盛投资之后，很快推出ChinaRen社区，并获得千万美元的新融资。有了融资之后，ChinaRen开始疯狂烧钱砸广告。

开始时，陈一舟他们觉得害怕，但投资人说没关系，烧完了还会有投资，不烧就没办法上市。但很快，2000年的美国股灾来临，资本进入了寒冬。

于是支持烧钱的投资人态度大变，明确告诉陈一舟，不会再有新的投资，赶快把公司卖掉。所以陈一舟只好把ChinaRen社区卖给了搜狐。

其实，这个案例与校内网有相似之处。

创业，需要对现有的资本合理利用，最好有自己的造血能力，这样才能在资本寒冬时安全度过危机。

另外，在创业初期，要想取得成功，就必须拥有自己的核心技术，如果不把这种核心技术市场化，或者把这种核心技术民众化，那么，这种技术思维将导致企业走向没落。

不少人还记得2000年北京街头出现的大大小小的亿唐广告牌，“今天你是否亿唐”的那句仿效雅虎的广告词着实让亿唐风光了好一阵子。亿唐想做一个针对中国年轻人的包罗万象的互联网门户。他们自己定义了中国年轻人为“明黄一代”。

1999年，第一次互联网泡沫破灭的前夕，刚刚获得哈佛商学院MBA的唐海松创建了亿唐公司，其“梦幻团队”由5个哈佛MBA和两个芝加哥大学MBA组成。

凭借诱人的创业方案，亿唐从两家著名美国风险投资DFJ、SevinRosen手中拿到两期共5000万美元左右的融资。

亿唐宣称自己不仅仅是互联网公司，也是一个“生活时尚集团”，致力于通过网络、零售和无线服务创造和引进国际先进水平的生活时尚产品，全力服务所谓“明黄e代”的18～35岁之间、定义中国经济和文化未来的年轻人。

亿唐网一夜之间横空出世、迅速在各大高校攻城略地，在全国范围快速“烧钱”：除了在北京、广州、深圳三地建立分公司外，亿唐还广招人手，并在各地进行规模浩大的宣传造势活动。2000年年底，互联网的寒冬突如其来，亿唐钱烧光了大半，仍然无法盈利。此后的转型也一直没有取得成功，2008年亿唐公司只剩下空壳，昔日的“梦幻团队”在公司烧光钱后也纷纷选择出走。

亿唐失败的最大问题就是没有定位。这也是大部分互联网创业者公司的问题。浮夸，不愿意沉下心帮用户解决实际问题，而是幻想凭钱就可以砸出一个互联网集团出来。亿唐对中国互联网可以说没有做出任何值得一提的贡献，也许唯一贡献就是提供了一个极其失败的投资案例。它是含着金汤匙出生的贵族，几千万美元的资金换来的只有一声叹息。

已经听过太多在鼎盛时期走向破产的故事，就好像玫瑰在盛开之后迅速地枯萎凋零。究其原因，就是落后于时代，就会被时代抛弃。如王安电脑公司，曾经红火过，但也迅速在市场上消失了。在计算机行业，产品的升级换代只有18个月的时间，如果有一丝的迟疑，就会彻底地失败，而在计算机行业，失败一次往往意味着你永远离开了这个领域。在这里，我们来看看日本索尼公司是怎样没落的。

出生于1937年的出井伸之没能保住“晚节”。这位索尼CEO名列美国《商业周刊》评选的2003年度“IT业最差经理人”。原因是：索尼业绩一落千丈，年度财报十年来首次出现了赤字。舆论感慨万千，将此事称为“由井深大开创57年的索尼神话的结束”。《金融时报》的评价是：“索尼的形象已被玷污”。

技术是出井伸之的“软肋”，但是没人怀疑他的市场“嗅觉”。

1998年10月的索尼技术节上，出井伸之在讲话中断定现行的硬件已经过时：“在网络时代，硬件将失去其一贯的价值。电视屏幕是否明亮或有美丽的分辨率，已无关紧要，重要的是内容，谁创造了它，谁控制了发行内容的网络。”在出井伸之的领导下，索尼把重点放在了对游戏、娱乐市场的开拓上。

麻烦渐渐“浮出水面”。在80～90年代，索尼凭借“特丽珑技术”席卷整个显像管电视机市场，但是现在当新的等离子电视、液晶电视开始进入市场时，索尼公司的同类产品却因为没有掌握面板的核心技术而缺乏竞争力，甚至不得不购买对手的产品。在日本国内超薄电视市场份额中，与排名首位的夏普的53.7%相比，索尼只占了15.6%。

不光是电视机，数码相机、DVD录像机……索尼一一丢掉了王者地位。在面向普通消费者的AV设备中，索尼没能拥有关键零部件，这对索尼来说还是有史以来第一次。2003年4月，出井伸之宣布季度亏损10亿美元，令投资者大为震惊，两天内股价下跌近25%，引发东京股市暴跌。

技术上的落后，导致了以前一直走高端路线的索尼也被迫和对手展开了价格战，结果就是严重影响了利润。索尼2003年10月份发布的上半年度的财务报表利润率仅1.5%，而对手松下公司的同期利润率为5%。

鱼与熊掌不但不能兼顾，反而一一失去。

如果说研发存在必然的风险，更令投资者难以接受的是：索尼让人“看不懂”了。

出井伸之希望“再造索尼”。“索尼卖的是个人体验，我们存在的理由是创造人们的欲望，提供一种梦想。”他的结论是：“如果不发展出一个崭新的业务模式，索尼将沦为网络操作者零部件供货商。

新的索尼产品就应是娱乐、电子和情感的融合。”

学经济学的出井伸之偏好抽象思维，总是从理论的角度梦想索尼。互联网高潮给了他足够的想象空间，思如泉涌。如果时尚的概念可以卖钱，索尼断不至于亏损。

在出井伸之的头脑中，最新发生的事情都是历史的必然。2000年，他在北京大学演讲时把“美国在线–时代华纳”的合并总结为“网络革命”的最高阶段。同年他提出要打造“索尼梦幻世界”；2001年度提出要将索尼转型为“个人频道网络解决公司”；2002年，他又提出索尼将成为“传媒和技术企业”。

在出井伸之的字典里，哥伦比亚电影公司、PS（PlayStation）和网络连接卡是三大关键词：哥伦比亚电影公司负责内容，PS系列是核心家电，而网络连接卡则负责接入。

看上去很美，可是没人大把掏钱。出井伸之把索尼变成了危险的“.com”，在市场进程达不到预期、或者新概念被证伪的漫长阶段，损失市场、利润和股东的信心。索尼本身就是个巨无霸，不同于靠融来一亿美元可以活三年的小网站。

在2003年，出井伸之寄予厚望的三大业务都缺乏良好的表现：哥伦比亚公司仅仅收支平衡；PS2随着微软公司 XBOX的推出销量开始下滑，利润同比减少91.2%；网络连接卡倒是卖了几百万张，总销售额也不过28亿日元，投入产出不成比例。

在人们所预言的宽带时代来临之际，被寄予厚望的业务模式又没有结出丰厚的果实。这对于出井伸之超前的宽带战略无疑是个沉重的打击。

虽然面对重重压力，出井伸之还有翻盘的机会。

2003年10月28日，出井伸之制定了“转型60”计划：3年后(索尼60周年)，集团的利润率达到10%，这是2002年度利润率的5倍；3年裁掉约2万名员工，关闭部分工厂，调整电子业务部门，批准在新型芯片研发上的4 5亿美元投资。

最令人吃惊的是：索尼宣布了和“天敌”——三星电子合作，组建液晶显示器合资企业。虽然此举显示了出井伸之的“广阔胸怀”，但是被三星压得抬不起头来的中国台商对此并不看好，他们认为索尼在合作中很难赚到什么便宜。

出井伸之背负着索尼的光荣和梦想。

由于井深大，索尼开发出了收音机和彩色电视；因为盛田昭夫，索尼打入了国际市场；大贺典雄以音乐家的身份创造了CD规格……而在国际化竞争越来越激烈的IT市场中，依然抱残守缺奉行上世纪90年代的思维，没能及时调整运营方式的出井伸之将给这个伟大的企业留下什么？除了伟大的想法？

不难理解，索尼公司的核心技术曾是他们成功的法宝，正是这种优势思维让他们付出沉重的代价。在此，我要提醒那些创业者，核心技术不一定非要有独特技术，对许多创业者而言，除非你本身就是某方面的专家，否则拿到独有技术、寻找到市场空白几乎不可能。难道说因此我们就不要创业、不能创业？我认为，如果你确有新技术，那你大可以此打造核心竞争力；如果你没有突破性技术，那么就进行组合运用，但前提是你的核心技术不能比现有市场落伍。你可以在品质、成本、外观、组合等方面改善、提高，一样能成为你的优势。

在互联网时代要敢于从零起步

一个创业项目是否有足够的创意和商业价值，要尽快放到市场上接受用户检验才能得出结论。

27岁的陈士骏，一张信用卡和几台计算机，和两位朋友互联网创业创立YouTube，20个月，不到两年的时间，这家公司卖给Google，陈士骏从信用卡负债者实现130亿身家；

创始人曾家境贫困到申请政府救济，2009年开始移动互联网创业whatsapp，2014年卖给facebook 160亿美元，成为数十亿美元身家的富翁；

在中国，28岁的叶凯已成为亿万富翁，叶凯担任CEO 的玩蟹科技开发了 2013 年最火爆的手机游戏《大掌门》，这款游戏的利润可达1亿。上市公司掌趣科技宣布拟用17.39 亿元收购玩蟹科技100% 股权，拥有玩蟹28% 股份的叶凯成为亿万富翁！

如果要创业，还是做互联网创业。这里是可以成就创业两三年就可成为亿万富翁的发财梦的地方，你的人生值得进来赌一把。

不想用传统行业这个词去定义互联网以外的行业，因为互联网和其它行业的界限正在模糊。许多公司都有了自己在互联网上的一个位置：网站，而上亿的人包括建筑工地、田间主要从事体力劳动的人们，在社交媒体微博、微信上有自己的账户，有的人平时工作生活中可能不起眼，在网上却是大名鼎鼎的版主。

人们都早已成为互联网上的一份子，与互联网早已密不可分，只是不同的是多数人没有依靠提供互联网产品或服务生存和盈利。

从你自己的痛点做起！

互联网创业，从何处起步？从你自己的痛点做起！用户的痛点，就是创业的最好出发点。结合互联网的技术手段，寻拥有相同痛点的人，用互联网和移动互联网来解决痛点，就是极佳的互联网创业出发点。

邢帅，读不起大学是他曾经的痛点，于是他就办一所学校，让所有人花最少的钱学一门技术。2008年邢帅网络学院成立，提供以就业为目标的技能、考证培训。2009年，YY网络语音聊天室开始火热，邢帅借助YY加入互联网教学行列。邢帅网络学院以老师在线直播讲课为主，辅之以录制视频教学，开设科目达几十种。目前，全职兼职辅导老师和员工团队近600人，在院学生超过10万。2013年7月，邢帅获得1500万人民币的A轮融资。

余佳文，进入大学后，由于经常记不住课程表、找不到教室，也不敢和女生搭讪。余佳文创立了一个能自动导入课程表到手机又兼容校园社交的应用“超级课程表”。通过手机APP，用移动互联网为与他有类似需求的学生提供服务。通过“超级课程表”手机APP，学生可以分享课堂笔记、作业、复习计划以及在线交流。目前覆盖全国600万大学生用户。2013年6月获得由红杉资本领投的千万级A 轮融资。

学文科的女孩子龚海燕2002年上了一家交友网站，主要是想给她自己找对象，但是效果非常差，很多信息都是假的。她当时就去问一些学计算机的朋友，说做网络难不难？人家说你有一千块钱就可以做。

后来她就了解怎么申请域名，怎么做静态网页，2003年9月21号申请到域名，在10月8号把第一个网页（纯静态）自己做的放上去，当时上面只有一个女孩子征婚，是友情赞助。挂了四天，有了第二个人。2010年7月，世纪佳缘以54.41%的市场份额牢牢占据着行业第一的位置，拥有5000多万注册会员，并于2011年5月11号在美国纳斯达克上市。在做婚恋网站的过程中，龚海燕也通过网站找到自己的另一半。

一个周末，在上海交大闵行校区的一间学生宿舍里，张旭豪和同学康嘉全神贯注合打了一场实况足球的电脑游戏，晚间十点多，两人感觉肚子饿了，给几个餐厅一连打好几个电话，要么是打不通，要么是没人接。在一阵抱怨和无奈中，他们饿着肚子畅聊起来："干脆我们办个外卖网站吧。"

2009 年4月，张旭豪与其同学创办饿了么网上餐厅。2011年12月的日均交易额突破10000单，成为中国最大的订餐网站。2012年加盟餐厅数共计20000余家， 完成在线交易规模达到6亿元。

如果自己都不爱，又怎么能吸引到互联网黏性用户？有句话：业余时间决定你未来的职业生涯。上学、上班做的事常常不是一个人所爱而是被迫的，但是业余时间痴迷的事却是不给钱甚至自己掏钱也愿意做的事。这个爱好吸引力如此之大，是否存在有相同爱好的人呢？你无妨将个人爱好与互联网社区或互联网产品相合，做一个聚集所有与你有相似爱好的人的方案网站。你对他们够了解，因为你就是他！

17岁的“宅男”蒋磊开始创办军事阅读网站“铁血网”时完全出于自娱自乐，只因他好这口。历经十几年发展，铁血网成为能够提供社区、电子商务、在线阅读、游戏等产品的综合平台，是中国最大的军事垂直门户 。截止2012年10月，铁血网已有1000万注册会员，月度覆盖超过3000万，pv过3亿。铁血网的主要产品包括全球最大、最富盛名的军事交流平台 ——铁血社区、原创网络小说平台——铁血读书、覆盖全国的实体店铺和电子商务网站铁血君品行；自主研发与联合运营模式并行的铁血游戏，以及最精准有效的市场营销业务——铁血广告。

把你的专业放到互联网上去，让所有人参与。你也许是位卖保险的，做销售的，做人力资源，做文员的，做律师，做生产检验的……无论你过去从事什么工作，都可以试着想一想如果将曾经的专业与互联网结合，服务大众，同时让大众能广泛参与进来。互联网创业，特点是连接性，连接你的用户和你及和你相同背景的人。

任晓倩3岁学画，曾想成为画家。研究生毕业后第一次创业，给北美的一些大公司提供个性化礼品设计。她发现个性化、私人定制的潜力非常大。她当时做的是照片的个性化产品，但是照片太过真实，容易暴露隐私，如果有艺术加工会更好，可以添加幽默、快乐的元素。以前找她这样的专业画家才能完成这样的事情，周期长、费用高、产量小。而这项技术活用计算机可以轻松完成，并实现艺术的个性化。

经过五年的时间创业和打磨，任晓倩的移动互联网创业项目“魔漫相机”的手机应用APP风靡中国，用户用手机拍下的照片能迅速变成一幅幅漫画，用户可以随时看到幽默、乐观、快乐的自己。产品上线已8000多万用户，海外用户占了一半，这款应用曾在多个国家应用下载总排行第一。

张馨心曾是一个在法律行业十年工作经历的人，她深深感到在这个行业里久了像是个手工作坊，一方面律师的收入不稳定，寻找客户资源难，另一方面，竞争相当激烈。中国有上千万的中小企业，每年还新增上百万家，但90%以上没有请法律顾问，不是没需求而是请不起。一家中小公司，聘请一个法律顾问年费用至少3万元。极少数大律师很忙，80%律师很闲，律师与客户间彼此不信任。

如何让90%的公司请得起律师，让80%的律师有事做?张馨心结合自己十年做律师的经历开办了绿狗网，为中小微企业提供专业而全方位的法律产品与服务，从咨询律师“问”开始，“写”法律文书，“审”法律文书，“打”官司等等帮小企业解决日常的法律问题 。家庭个人及企业用户可直接在线上进行法律服务自助交易，用户可以在绿狗网上一站式解决法律问题。“想做法律界的天猫，用淘宝模式卖法律服务！”

互联网创业第一步很难迈，从自己的痛点做起，从自己的兴趣爱好做起，从自己的专业做起，这三个点是最容易启航的互联网创业点。这三点看似不同其实都有一个共同点：即是你非常熟悉的点，你得熟悉自己的痛点，那点爱好，和自己的专业，比别人了解得都深入，这样你才能说服和你有相同点的人加入你的网站，聚合这群人。

确实，对于那些只有技术和智慧的创业者来说，要想创业成功，肯定困难重重。关键的问题是，创业者在迈出第一步的时候，必须知道自己的创业优势，尽管缺乏资金，缺乏品牌，只要能够抓住机遇，从零开始同样能够成功。也许，“零起点”创业对于众多创业者来说是痛苦的。但反过来讲，“零起点”又是最具人生意义的，它能决定一个人的人生方向。

创业不怕两手空空，只要你想想敢做，从零开始创业同样能够成功，一无所有也能开公司？听起来像天方夜谭，从本人的创业历程来看，从零开始的创业能激发出创业者的最大能量，是最佳的创业方法。一个成功的创业者需要具备一些必不可少的因素。

首先要具有独立开创事业的勇气和决心，有承担风险和压力的能力，良好的心理素质是创业者的起点，更伴随创业始终，也是创业能否成功的重要因素。

其次要有丰富的专业知识和一技之长，专业能力是创业者赚钱的手段和安身立命的本钱，这种能力也不是随便哪个人在短时间内就可以替代和超越的。

第三要有良好的人际关系和较丰富的资源，创业者的初期业务，大多需要依靠过去的资源和人际关系，发展到一定时期更需要高度稀缺性的资源和非常的号召力。

第四也需具有一定的“财力”，虽然个人创业对投资要求宽松，因人而异，但投入能力也是不可或缺的重要条件，没有一定的经济基础，创业规划也只能是“空中楼阁”。他们说，每个人创办工作室，可以根据个人情况选择最适合自己的创业方式，既可以注册公司，具有法定名称和经营范围，也可以选择挂靠于某对口公司，借助该公司的经营资格、场所、设备、信誉等条件开展业务，甚至可以自立名目、自我标榜、自定内容，完全借助个人能力和个人声望与社会合作。

第五章

互联网商业模式的新构想

在互联网时代，你或许发现曾经寻找一批技术人员，建立一个大的平台，进行商品销售，购买流量，就可以在瞬间实现平台品牌化，并最终形成垄断局面，实现商业价值的模式，如今，这种方法无法在“互联网+”时代，继续如法炮制，那些在泛家居行业沉浸较深的从业者或者从业企业，多年沉浸的经历，加之对互联网商业模式的理解，其开拓出来的全新商业模式的微创新产品和服务，要靠谱过那些只是空拥有互联网技术，或者思维的草根创业者的大平台项目。

互联网时代的挑战催生商业模式变革

在互联网时代，假设一个企业采用传统的经营模式，它的利润为1，无论是100万还是1000万，或1个亿，商业模式的力量就是让企业的利润获得10倍的成长，而且持续10年，这就是商业模式的力量。中国大量出口到国外的产品假设价格是1块钱人民币，到美国卖1美元，到欧洲就卖1欧元，也就是国外的产品是中国产品的7到10倍，我们只赚取了最为微薄的、忽略不计的利润，主要的利润都被国外的企业拿走了。

为什么国外企业能拿到10倍于我们的利润呢？它们依靠的是商业模式。中国企业在未来3年里要走的道路就是依靠商业模式去获得10倍的利润，并且让我们的利润可以持续10年甚至更长的时间。有了商业模式的利润，我们就可以通过资本市场去上市，获得资本市场的利润。

维棉网于2010年11月正式上线，其定位瞄准高端市场。维棉网的线上产品从袜子，陆续扩展到内衣、围巾等，随后也加入电商营销大战，投入大量资金打广告。

2010年12月，徐小平在微博上关注到维棉，随后便在新浪微博上给维棉网CEO林伟发了私信，约他见面聊聊。

仅仅沟通了20分钟，徐小平就决定给予林伟1000万元人民币的天使投资，成为维棉网第二大股东。这一案例一度在业界被传为佳话。

从2014年初开始，维棉网多次陷入危机，“欠下数百万元广告款”、“维棉果断裁员”等新闻屡见报端。2015年7月份，供货商就曾上门讨债，但是在长达一个月的时间里，维棉仍然未能解决这个问题，最终使得仓库被执法部门查封。

袜子虽然是易耗品，但是客单价低，根本不适合做电子商务。加上中国高昂的流量成本，这就是一个错误的行业。徐小平老师也有犯晕的时候。

后来，公司网站已经无法打开，估计公司已经倒闭。

由此可见，商业模式创新的意义，它的价值回报、它的试用范围，都远远大于技术的创新，所以登陆创业板，重要的是商业模式的创新，而不是狭隘的理解为技术的创新。

所谓六新，即新经济、新服务、新农村、新能源、新材料、新商业模式。这六新的新字，核心就是商业模式的创新。两高六新的目标直指的都是商业模式的创新，因为无论是新经济、新农村、新能源，都要有新的地方，而这个新的其中一个重要的组成就是商业模式的创新。从全球的创新来看，全球超过60%以上的成功的创新，是源自于商业模式的创新，而不是技术的创新，因为一项技术如果没有一个商业化的方法，没有一个商业化成功的模式，就没有任何意义，它只能是个成本。同样的一个技术，采用不同的商业模式，它获得的财务回报和资本市场的反应是截然不同的。

互联网时代企业环境变化快，突发事件多，风险管理尤其重要，当前企业风险管理发展趋势是由高层管理、基层执行向基层管理、多主体参与方向发展。海尔以自主经营体为基础的人单合一管理，将企业经营风险由高层管理分化为两千多个自主经营体分担，又通过人单合一把风险化解为五万多名员工去承担，大大增强了企业对经营风险的消化吸收能力，减少了重大经营决策失误的可能。

若邻网创建于2004年，软银投资。目标是模仿LinkedIn，做中国最大的商务社交网站。

在2004到2006年那波商务SNS的Copy2China高潮中，若邻还算是活下来的。不过中间经历了多次的波折，创始人邹岭二进二出。网站一度也裁员，几乎关站。

若邻和其它的商务SNS一样，用户一直上不来。一度大家相信的所谓六度交友的人际关系理论，在实践中毫无成功的希望。一个普通人可能通过六度能联系到奥巴马，但是这不代表他能认识奥巴马并寻求到实际的帮助。因此六度理论和庞氏骗局也差不多。

更大的差别在于，美国是一个专业社会，尊重个人的履历和专业能力。这是LinkedIn崛起的社会学原因。而中国是个关系社会，权力决定了经济。如果你认识省委书记，你会主动把人脉介绍给别人吗？更何况是，中国绝大部分掌握财富和权力的人，压根都不会上这类网站。

重组以后，资方获得了控制权，现在转型做猎头。后优士网崛起。

创新是一个民族进步的灵魂，是国家兴旺发达的不竭动力，也是企业的使命。由于创新过程的复杂性和随机性，只有不断完善创新的管理工具和方法，将之视为一种置于管理之下的商业流程，才能不流于口号，真正将创新落到实处，海尔正是这方面的典范。

1991年海尔在全面质量管理的基础上提出“日日清管理法”；1999年海尔在OEC管理模式基础上提出的“市场链”业务流程再造；2011年“以开放式研发平台建设为核心的创新体系建设”项目荣获国家科技进步二等奖。多年以来，海尔借助信息化的手段和工具，一直坚持将“信息数据化、数据表单化、表单电子化”，通过管理方法和工具的完善不断将隐性的知识显性化，在大规模的知识积累的基础上推动信息化时代的大规模协同创新。

“以自主经营体为基础的人单合一管理”既是海尔商业模式和战略的整体突破，更是长期追求管理方法和工具创新的一种必然结果。当前，就管理创新而言，我国企业与世界一流企业的根本差距不在企业家的思想和胆略，也不在战略方向的把握，而在于缺少先进管理方法和工具的支撑，海尔在长期实践中独创的“战略损益表、日清表、人单酬表”成功弥补了这一缺陷，使得管理思想和实践效果通过“三张表”能够实现有机融合。中央高层提出“创新方法是自主创新的根本之源”，指出要解放思想，转变观念，将创新方法作为一项长期性、战略性工作来抓，切实从源头上提升自主创新能力、推进创新型国家建设。我们期待有更多中国企业像海尔一样，在坚持正确发展方向的基础上，能够下大力气对管理方法和工具进行踏踏实实、日积月累的完善和提高，不断以高水平管理构筑企业的竞争优势。

互联网为什么会导致商业模式变革

一个商业模式可持续发展，关键就在于建立一个互联网时代的企业文化。当今企业的商业模式都要变革，因为所有企业的商业模式都建立在分工理论上，但是互联网消除了用户距离，颠覆了企业和用户之间的信息不对称，在零距离的时代，原有商业模式都不好用了。张瑞敏称，在互联网时代，传统的分工理论和科层制受到了挑战，现在是用户可以知道所有企业的信息，而企业很难知道所有用户的信息，但是现在信息技术时代的原动力改了，改成了平台，换句话说规模和范围把分工理论推到了极致，那个规模越大的企业它的分工越细，但是平台颠覆了这个分工理论。

一个平台上面是双边的和多边的交易市场，例如现在的电商，淘宝、京东等都发展得很快。企业和用户之间信息是不对称的，但是传统企业时代是信息不对称的主导权在企业手里头，而互联网时代导致了用户主导企业。就像管理大师德鲁克所说的，“互联网消除了距离，这是它最大的影响。”张瑞敏表示，今天企业的商业模式都要变革，因为所有企业的商业模式都建立在分工理论上，但是在零距离的时代，这种商业模式都不好用了。

2000年电子商务的明星企业，一度口号为“一小时配送到家”，“e国1小时”在获得用户称赞的同时也获得了同样多的怀疑：“e国1小时”带来了巨大的配送成本，e国还能赚钱吗？卖得越多不是亏得越多？没有新资金的介入，e国还能够支撑多久？

有的人则干脆认为e国1小时只是“成功的市场运作而已”。有人算了一笔账，只要e国的订单每笔10元，就可以把它干掉。卖得越多，亏得越大，e国面临着巨大的盈利压力。

实际上e国的悲剧是在于在市场没有成熟前过早切入市场；在2000年，中国无论是物流、支付、配送，甚至网购人群都极不成熟。靠一家公司来撑起整个产业链，天方夜谭。

最后的结果就是公司走向倒闭。

著名管理学大师彼得·德鲁克曾说过，当今企业间的竞争，不是产品的竞争，而是商业模式的竞争。Rappa(2004)认为，商业模式规定了公司在价值链中的位置，指导着公司如何赚取剩余价值；并指出商业模式明确了一个公司开展什么活动来创造价值，在价值链中如何选取上下游合作伙伴以及怎样与客户达成交易、为客户提供价值。

目前，在大数据产业链上有三种大数据公司：

1）基于数据本身的公司（数据拥有者）：拥有数据，不具有数据分析的能力；

2）基于技术的公司（技术提供者）：技术供应商或者数据分析公司等；

3）基于思维的公司（服务提供者）：挖掘数据价值的大数据应用公司；

不同的产业链角色有不同的盈利模式。最近，我按照以上的三种角色，对大数据的商业模式做了梳理和细分。

数据拥有者，这样的公司有三类：

1.大数据是业务核心，对大数据的重复利用是其发展的原动力，例如Google、Amazon、Inrix等；这种公司具有很强大的大数据技术能力，多数时候大数据技术本身主要用于自身的运作，具有三种产业链角色：数据(+技术)+服务；

2.大数据是作为提高生产效率、增加业务收入或者创造新的收入的使能器，非厂商的主流业务；例如运营商、银行等，运营商的主要业务是通过通信设备提供的各种网络语音和数据业务，目前运营商本身并不通过数据的重复利用为主要手段来盈利；

3.数据中间商，本身不具有创造数据的能力，从各种地方搜集数据进行整合，然后再提取有用的信息进行利用；

它们的商业模式有：

·2B：面向企业或者公共政府部门，提供数据分析结果的服务；例如Inrix在交通信息领域，面向GPS生产商、和交通规划部门、FedEX和UPS等物流公司等，出售完整的当前甚至未来的交通状况的模式图或者数据库；

·2C：面向个人，提供基于数据分析结果的服务。例如：Inrix提供一个免费的智能手机应用程序，一方面它可以为用户提供免费的交通信息，另一方面它自己就得到了同步的数据。

·2D：租售数据/信息模式（数据资产分享和交易平台），新的商业模式，把数据/信息作为资产直接进行销售；例如：Twitter把它的数据都通过两个独立的公司授权给别人使用；VISA和MasterCard收集和分析了来自210个国家的15亿信用卡用户的650亿条交易记录，用来预测商业发展和客户的消费趋势。然后，它把这些分析结果卖给其它公司。

技术提供者的2B商业模式是目前的主流，有4种类型：

· 提供单点技术，pure-play为主，例如：Teradata为沃尔玛和Pop-Tarts这两个零售商提供大数据分析技术，来获得营销点子；

· 提供整体解决方案，IT厂商为主，例如：IBM提供软硬一体的大数据解决方案；华为基于IT基础设施领域在存储和计算的优势，提供整体大数据解决方案；

· 大数据空间出租模式：大数据计算基础设施上（与云结合），通过出租一个虚拟空间，从简单的文件存储，逐步扩展到数据聚合平台，例如腾讯开放云战略为大数据创业者提供了廉价的数据基础设施，使中小企业也有机会在大数据领域创新业务。

· Bigdata as a service，新的商业模式，提供E2E在线大数据技术或者解决方案。例如 RJMetrics，为电商提供快捷的商业智能在线服务，软件定价为 500 美元每月，客户只需在软件端输入特定数据，RJMetrics 便会将这些信息备份到安全的服务器上，并承诺在 7 日内优化数据用以分析，之后以清晰简洁的界面将数据分析结果反馈给客户。再例如，GoodData主要面向商业用户和IT企业高管，提供数据存储、性能报告、数据分析等工具，将所有商业智能分析所需的数据和任务都搬到了云上；

技术提供者的2C商业模式，目前较少，与cloud结合后有很大的空间，未来是趋势。例如：面向个人的家庭账单、家庭耗能节能等或者面向个人数据的大数据解决方案。

服务提供者有两种，一种是应用服务提供者，另一种是咨询服务提供者。

应用服务提供者是基于大数据技术，对外提供服务：

·2B：面向企业或者公共政府部门，提供数据分析结果的服务；例如前面提过的Inrix；

·2C：面向个人，提供基于数据分析的服务；例如：FlightCaster和FlyOnTime.us基于分析过去十年里每个航班的情况，然后将其与过去和现实的天气情况进行匹配，预测航班是否会晚点；

咨询服务提供者，提供技术服务支持、技术（方法、商业等）咨询，或者为企业提供类似数据科学家的咨询服务；

·2B 商业模式：定位在某一具体行业，通过大量数据支持，对数据进行挖掘分析后预测相关主体的行为，以开展业务；利用数据挖掘技术帮助客户开拓精准营销或者新业务，有时企业收入来自于客户增值部分的分成。例如德国咨询公司GFK帮助Telefonica 面向零售商、政府部门、公共机构提供基于地点的人员流动(Footfall)数据：以时间为维度(小时/天/月/年)，在特定区域的人员人口统计数据(性别、年龄)和行动等数据；这类企业成长非常快，一般擅长数据挖掘分析技术，帮助一些数据大户如银行、运营商等开展新的业务。

个人认为，目前产业链上真正的大数据玩家，应该是通过重复利用数据获得利益的公司，例如Google。Google所有的业务都是构建在大数据之上的，索引整个互联网网页，成功地建立了“网页搜索＋广告”的商业模式，发展大数据并挖掘大数据的新价值是其不可不为的原动力；Google是大数据最大的玩家，抢占“人”生存数字化、智能化的入口；2012年Google总营收501.75亿美元，利润107.4亿美元，其9成利润来自广告。有咨询公司预测2017年全球大数据技术（包括技术、工具和服务，该处服务是指大数据支持、培训和专业服务）市场空间约500亿美金（2012年约为50亿美金），约等于Google 的2012年的总营收。“数据为王”或者“数据驱动”的业务内涵和模式是大数据时代的未来利益最大者。

大数据要想落地，必须有两个条件：一是丰富的数据源，二是强大的数据挖掘分析能力。目前，IT领域软件开源盛行，逐步降低了分析技术的门槛。很多企业在大数据战略上受挫，就是因为数据源匮乏。企业要想在大数据时代领先，必须采取多方合作等方式获取更多的数据，这是大数据的基础，也是大数据战略成败的核心。

大数据驱动商业模式的创新

大数据时代的传统商业革命随着电脑、智能手机、互联网等重要发明快速进入日常生产与生活，我们共同见证了数据在全球范围内的爆炸性增长。事实上，在当前典型经济体中，任何一个行业及公共服务部门都已积累了海量数据，而信息技术的快速发展及广泛应用则进一步加快了其增长速度，许多人称这个时代为“大数据”时代。大数据带来的信息风暴，正在开启我们的思维变革、经营变革和管理变革，正如《纽约时报》的一篇专栏中所称，“大数据”时代已经降临，它为我们看待世界提供了一种全新的方法，在商业、经济及其它领域中，会有越来越多的决策是基于数据和分析做出，而并非基于经验和直觉。

大数据作为继云计算、物联网之后IT 产业又一次颠覆性的技术变革，必将对现代企业的管理运作理念、组织业务流程、市场营销决策以及消费者行为模式等产生巨大影响，使得企业商务管理决策越来越依赖于数据分析而非经验甚至直觉，美国有句谚语叫“除了上帝，任何人都必须用数据来说话”，如何利用大数据这种新型的信息处理方式，通过收集、处理庞大而复杂的数据信息，从中获取知识和洞察，由数据驱动业务转型，探索并发现新的商机、对客户和市场进行新的洞察，实现业务创新和流程创新，这就是大数据的价值。

一、颠覆传统意义上的金融业务模式创新

阿里集团坐拥数家交易平台如支付宝、淘宝、天猫、阿里金融等，其积累的数据达14 年之久，利用这些大数据，阿里金融基于海量的客户信用数据和行为数据，建立了网络数据模型和一套信用体系。基于这套信用体系，微贷企业可以获得从500 元到100 万元不等的信用贷款。阿里金融打破了传统的金融模式，使贷款不再需要抵押品和担保，而仅依赖于数据，使企业能够迅速获得所需要的资金。阿里金融的大数据应用和业务创新，改变了游戏规则，对传统银行业带来了挑战。近几年网络借贷公司的兴起，正是基于类似的商业模式创新，发展非常迅猛。

二、有助于财务精益分析的实现

目前，企业在日常的生产和经营过程中积累了大量的交易数据，主要是结构化数据，同时通过其它社交网络媒体、传感器等产生了大量的即时信息，主要是非结构化数据，大数据分析的目的，是要实现这两类数据的集成与融合，增强企业的洞察力。“大交易数据”和“大交互数据”的融合，充分分析结构化和非结构化数据，往往可以帮助企业找到潜在的商机，发现新的业务亮点。大数据和精益财务分析结合的意义在于揭示数据“是什么”而非“为什么”。比如，目前库存周转率比较低，请予以改善，太笼统，而应该给出具体建议，精益财务分析通过大数据的信息加工达成管理建议的目的，马上演进为企业的管理行动，如某品牌4GB 内存条已低于安全库存，建议补充1000 条，提供具体的管理行动。这就是大数据和精益财务分析相结合的意义所在。再如快速消费品CPG (Consumer Package Goods) /零售行业，最大的挑战是对高度易腐烂和需求高度变化的商品的库存管理，降低库存减少或缺货产生高昂的成本，如果在关键库存货物上安装传感器，就可以实时监控库存的变化，通过实时大数据的跟踪和分析，企业可以近乎实时地调整价格，以控制需求并根据需要自动订购更多库存，提高库存管理效率，从而降低成本。

三、促进制造业从传统的以生产为核心向以客户需求为核心转型

随着企业信息化逐步深入、数据积累到一定量之后，如何从这些数据中挖掘出更有价值的信息，来获得深刻的客户洞察，及时捕捉客户需求的变化趋势，这就需要制造企业以客户为导向，了解客户的兴趣、偏好，通过各种渠道来获得用户对产品的反馈，需要处理好大数据，了解客户行为，将客户喜欢的产品及时交付。通过对大数据的获取、发掘和分析，企业可以更加经济地从多样化的数据源中获得更大价值，促进制造业按客户需求转型。

四、大数据驱动高级分析与预测决策

大数据的价值在于数据挖掘和预测，大数据的实时分析，以恰当的方式随时随地为人们提供信息和全新洞察力，个性化洞察力、感知和响应、高级计划与预测，能够把大数据变成宝贵的信息，呈现前所未有的洞察，企业可以建立预测性的模型、将商务分析演变成聚合洞察力，把预测变成科学，充分挖掘明天的竞争优势，带来无限的可能性，根据分析结果，提供给客户更个性化的体验，引领行业创新应用

革新，看到商机、预测风险、发现新的机会，胸有成竹地预测未来趋势，实时预测与行动。比如，企业可以根据大数据分析所提供的结果信息，实施新的服务模式如预测性维修，根据预测数据，建立机器问题实时通信提醒，预约维修服务，提供给客户更高品质的维修保障，享受更加贴心的关怀体验。

五、实时商务智能

大数据时代商务分析与传统BI (Business Intelligence)的区别在于：传统的商务智能分析，主要是对过去的数据、历史信息进行分析和报告呈现。例如，对会计报表数据进行分析，传统的商务智能分析，主要问题是分析结果滞后，不能实时预测结果并采取行动，大数据商务分析最主要的特点是实时性，可以通过系统自动调取KPI指标，即时呈现分析结果。比如可以实现实时交流，能够满足客户定制化的需求，达到一对一的营销效果; 实时采取促销手段，实时调整定价策略，洞察客户的行为; 实时毛利分析，为营销提供战略支持; 提供实时报告和分析，使企业获得实时商业洞察，充分发挥实时商务智能的优势。

六、行业的聚合与无界新趋势

大数据所具有的在区域之间、行业之间和企业部门之间的穿透性，正在颠覆传统的、线性的、自上而下的精英决策模型，正在形成非线性的、面向不确定性的、自下而上的决策基础。随着互联网的飞速发展，融合已经成为新经济环境下不可避免的趋势，这种趋势将打破和跨越很多原来曾经存在的边界。如果企业不想被困在一个墨守成规的旧世界，就必须努力跨越数字的界限，消除IT 边界的限制以及业务流程的限制，对于企业来说，聚合具有极其重大的意义，它们能够通过这种方式来提升用户体验，吸引更多的客户，从而建立自己的核心竞争力。聚合也给软件和IT 服务企业带来前所未有的机遇。当所有企业都在聚合并跨越过去行业壁垒的时候，技术将会带来全新的革命。

大数据时代的五大商业分析技术趋势

目前，趋势中心对如何应对分析挑战的关注力度，并不亚于他们考虑在新商业视角中如何充分利用机遇的力度。例如，随着越来越多的公司开始不得不面对海量数据以及考虑如何利用这些数据，管理与分析大型不同数据集的技术开始出现。提前分析成本与性能趋势意味着公司能够提出比以前更为复杂的问题，提供更为有用的信息以 帮助他们运营业务。

首席信息官们总结出了5大影响他们进行分析的IT趋势。它们分别为：大数据的增长、快速处理技术、IT商品的成本下降、移动设备的普及和社交媒体的增长。

1.大数据

大数据指非常庞大的数据集，尤其是那些没有被整齐地组织起来无法适应传统数据仓库的数据集。网络蜘蛛数据、社交媒体反馈和服务器日志，以及来自供应链、行业、周边环境与监视传感器的数据都使得公司的数据变得比以往越来越复杂。

尽管并不是每个公司都需要处理大型、非结构型数据集的技术。VeriskAnalytics公司首席信息官PerryRotella认为所有的首席信息 官都应当关注大数据分析工具。Verisk帮助金融公司评估风险，与保险公司共同防范保险诈骗，其在2010年的营收超过了10亿美元。

Rotella认为，技术领导者对此应当采取的态度是，数据越多越好，欢迎数据的大幅增长。Rotella的工作是预先寻找事物间的联系与模型。

HMS公司首席信息官CynthiaNustad认为，大数据呈现为一种“爆炸性”增长趋势。HMS公司的业务包括帮助控制联邦医疗保险（Medicare）和医疗补助（Medicaid）项目成本和私有云服务。其客户包括40多个州的健康与人类服务项目和130多个医疗补助管理计划。HMS通过阻止错误支付在2010年帮助其客户挽回了18亿美元的损失，节约了数十亿美元。Nustad称：“我们正在收集并追踪大量素材，包括结构性与 非结构性数据，因为你并不是总是知道你将在其中寻找什么东西。”

大数据技术中谈论最多的一项技术是Hadoop。该技术为开源分布式数据处理平台，最初是为编辑网络搜索索引等任务开发的。Hadoop为多个“非关系型（NoSQL）”技术（其包括CouchDB和MongoDB）中的一种，其通过特殊的方式组织网络级数据。

Hadoop可将数据的子集合分配给成百上千台服务器的处理，每台服务器汇报的结果都将被一个主作业调度程序整理，因此其具有处理拍字节级数据的能力。 Hadoop既能够用于分析前的数据准备，也能够作为一种分析工具。设有数千台空闲服务器的公司可以从亚马逊等云厂商那里购买Hadoop实例的按需访问。

Nustad称，尽管并不是为了其大型的联邦医疗保险和医疗补助索赔数据库，但是HMS正在探索NoSQL技术的使用。其包括了结构性数据，并且能够被 传统的数据仓库技术所处理。她称，在回答什么样的关系型技术是经实践证明最好用的解决方案时，从传统关系型数据库管理出发是并不明智。不过，Nustad 认为Hadoop正在防止欺诈与浪费分析上发挥着重要作用，并且具备分析以各种格式上报的病人看病记录的潜力。

那些体验过Hadoop的受访首席信息官们，包括Rotella和Shopzilla公司首席信息官JodyMulkey在内，都在将数据服务作为公司一项业务的公司中任职。

Mulkey称："我们正在使用Hadoop做那些以往使用数据仓库做的事情。更重要的是，我们获得了以前从未用过的切实有用的分析技术。"例如，作为 一家比较购买网站，Shopzilla每天会积累数太字节的数据。他称："以前，我们必须要对数据进行采样并对数据进行归类。在处理海量数据时，这一工作 量非常繁重。"自从采用了Hadoop，Shopzilla能够分析原始数据，跳过了许多中间环节。

GoodSamaritan医院是一家位于印第安纳州西南的社区医院，其处于另一种类型。该医院的首席信息官ChuckChristian称："我们并 没有我认为是大数据的东西。"尽管如此，管理规定要求促使其存储整如庞大的电子医疗记录等全新的数据类型。他称，这无疑要求他们要能够从数据中收集医疗保 健品质信息。不过，这可能将在地区或国家医疗保健协会中实现，而不是在他们这种单个医院中实现。因此，Christian未必会对这种新技术进行投资。

IslandOneResorts公司首席信息官JohnTernent称，其所面临的分析挑战取决于大数据中的“大”还是“数据”。不过，目前他正在 谨慎地考虑在云上使用Hadoop实例，以作为一种经济的方式分析复杂的抵押贷款组合。目前公司正在管理着佛罗里达州内的8处分时度假村。他称：“这种解 决方案有可能解决我们目前正遇到的实际问题。”

2.商业分析速度加快

肯塔基大学首席信息官VinceKellen认为，大数据技术只是快速分析这一大趋势中的一个元素。他称：“我们期待的是一种更为先进的海量数据分析方法。”与更为快速地分析数据相比，数据的大小并不重要，“因为你想让这一过程快速完成”。

由于目前的计算能够在内存中处理更多的数据，因此与在硬盘中搜索数据相比，其计算出结果的速度要更快。即使你仅处理数G数据，但情况依然与此。

尽管经过数十年的发展，通过缓存频繁访问的数据，数据库性能提升了许多。在加载整个大型数据集至服务器或服务器集群的内存时，这一技术变得更加实用，此时硬盘只是作为备份。由于从旋转的磁盘中检索数据是一个机械过程，因此与在内存中处理数据相比，其速度要慢许多。

Rotella称，他现在几秒中进行的分析在五年前需要花上一个晚上。Rotella的公司主要是对大型数据集进行前瞻性分析，这经常涉及查询、寻找模型、下次查询前的调整。在分析速度方面，查询完成时间非常重要。他称：“以前，运行时间比建模时间要长，但是现在建模时间要比运行时间长。”

列式数据库服务器改变了关系型数据库的传统行与列结构，解决了另一些性能需求。查询仅访问有用的列，而不是读取整个记录和选取可选列，这极大地提高了组织或测量关键列的应用的性能。

Ternent警告称，列式数据库的性能优势需要配合正确的应用和查询设计。他称："为了进行区别，你必须以适当的方式问它适当的问题。"此此同时，他 还指出，列式数据库实际上仅对处理超过500G字节数据的应用有意义。他称："在让列式数据库发挥作用之前，你必须收集一规模的数据，因为它依赖一定水平 的重复提升效率。"

保险与金融服务巨头JohnHancock公司的首席信息官AllanHackney称，为了提高分析性能，硬件也需要进行提升，如增加GPU芯片，其与游戏系统中用到的图形处理器相同。他称："可视化需用到的计算方法与统计分析中用到的计算方法非常相似。与普通的PC和服务器处理器相比，图形处理器的 计算速度要快数百倍。我们的分析人员非常喜欢这一设备。"

3.技术成本下降

随着计算能力的增长，分析技术开始从内存与存储价格的下降中获益。同时，随着开源软件逐渐成为商业产品的备选产品，竞争压力也导致商业产品价格进一步下降。

Ternent为开源软件的支持者。在加入IslandOne公司之前，Ternent为开源商业智能公司Pentaho的工程副总裁。他称："对于我来说，开源决定着涉足领域。因为像IslandOne这样的中等规模公司能够用开源应用R替代SAS进行统计分析。"

以前开源工具仅拥有基本的报告功能，但是现在它们能够提供最为先进的预测分析。他称："目前开源参与者能够横跨整个连续统一体，这意味着任何人都能够使用它们。”

HMS公司的Nustad认为，计算成本的变化正在改变着一些基础性架构的选择。例如，创建数据仓库的一个传统因素是让数据一起进入拥有强大计算能力的 服务器中以处理它们。当计算能力不足时，从操作系统中分离分析工作负载可以避免日常工作负载的性能出现下降。Nustad称，目前这已经不再是一个合适的 选择了。

她称：“随着硬件与存储越来越便宜，你能够让这些操作系统处理一个商业智能层。”通过重定数据格式和将数据装载至仓库中，直接建立在操作应用上的分析能够更为迅速地提供答案。

Hackney观察认为，尽管性价比趋势有利于管理成本，但是这些潜在的节约优势将被日益增长的能力需求所抵消。尽管JohnHancock每台设备的存储成本在今年下降了2至3%，但是消耗却增长了20%。

4.移动设备的普及

与所有的应用一样，商业智能正日益移动化。对于Nustad来说，移动商业智能具有优先权，因为每个人都希望Nustad能够随时随地亲自访问关于她的 公司是否达到了服务级协议的报告。她还希望为公司的客户提供数据的移动访问，帮助客户监控和管理医疗保健开销。她称：“这是一个客户非常喜欢的功能。在五 年前，客户不需要这一功能，但是现在他们需要这一功能了。”

对于首席信息官来说，要迎合这一趋势更多的是为智能手机、平板电脑和触摸屏设备创建适用的用户界面，而不是更为复杂的分析能力。或许是出于这方面的原因，Kellen认为这相对容易。他称：“对于我来说，这只是小事情。”

Rotella并不认为这很简单。他称："移动计算影响着每一个人。许多人开始使用iPad工作，同时其它的移动设备正在呈现爆炸式增长。这一趋势正在 加速并改变我们与公司内部计算资源交互的方式。"例如，Verisk已经开发了能够让理赔人在现场快速进行分析的产品，因此他们能够进行重置成本评估。他 称："这种方式对我们的分析产生了影响，同时也让每一个需要它的人随手就能使用。"

Rotella称："引发这种挑战的因素在于技术的更新速度。两年前，我们没有iPad，而现在许多人都在使用iPad。随着多种操作系统的出现，我们正力争搞清楚其是如何影响我们的研发的，这样一来我们就不必一而再、再而三的编写这些应用。"

IslandOne的Ternent指出，另一方面，为每一种移动平台创建原生应用的需求可能正在消退，因为目前手机和平板电脑上的浏览器拥有了更为强 大的功能。Ternent称："如果我能够使用一款专门针对移动设备的基于web的应用，那么我并不能肯定我将会对定制的移动设备应用进行投资。"

5.社交媒体的加入

随着脸谱、推特等社交媒体的兴起，越来越多的公司希望分析这些由网站产生的数据。新推出的分析应用支持人类语言处理、情感分析和网络分析等统计技术，这些并不是典型商业智能工具套件的组成部分。

由于它们都是新的，许多社交媒体分析工具可以作用服务获得。其中一个典型范例是Radian6。Radian6为软件即服务（SaaS）产品，近期已经 被Salesforce.com所收购。Radian6是一种社交媒体仪表盘，为TwITter的留言、脸谱上的帖子、博客与讨论版上的帖了与评论中提及 的特定术语以正负数显示，尤其是为商标名提供生动的直观推断。当营销与客户服务部门购买后，这类工具不再对IT部门有很严重的依赖性。目前，肯塔基大学的 Kellen仍然相信他需要对它们高度关注。他称："我的工作是识别这些技术，根据竞争力评估哪些算法适合公司，然后开始培训合适的人员。"

与其它公司一样，大学也对监督他们大学的声誉十分感兴趣。与此同时，Kellen表示，他可能还将寻找机会以开发专门用于解决学校所关注问题的应用，如 监督学生入学率等问题。例如，监控学生在社交媒体上的帖子能够有帮于学校与管理人员尽早了解学生在大学里遇到的麻烦。Kellen称，目前戴尔已经做了这 些工作，其产品支持公司探测人们关于故障笔记本电脑的推文。他称，IT开发人员还应当寻找一些办法将社交媒体分析得出的报警信息推送至应用中，以便于公司 对相关事件快速做出反应。

Hackney称："我们没有诀窍，也没有工具处理和挖掘海量社交媒体帖子的价值。不过，一旦你收集了数据，你需要有能力获取公司事件的充足信息，以将 它们关联起来。"虽然Hackney称JohnHancock在这一领域内的努力还处于"起步阶段"，但是他认为IT部门将在公司数据的社交分析服务所提 供的数据关联中发挥重要作用。例如，如果社交媒体数据显示公司在中西部地区的社会评论越来越负面，那么他将希望看一下如果公司在该地区就价格或策略进行调 整是否会扭转这一负面发展趋势。

Hackney称，发现这类关联的意义在于让公司领导相信对社交媒体的投资具有高回报。他称：“在我所从事的行业中，每个人都是精算师，每个人都在计算，他们不会将任何东西建立在想当然之上。”

大数据创造价值需要合作共赢的商业模式

近年来，关于大数据的讨论在技术、应用和模式等多个层面展开，已被认为代表着产业发展的方向。移动宽带和固网宽带快速发展决定了电信运营商必须充分利用自身掌握的数据资源，另辟蹊径，从而实现网络价值的最大化。因此，电信运营商应用大数据是必然的，而且市场前景十分广阔。

大数据概念的横空出世，有赖于短短几年出现的海量数据。据统计，互联网上的数据每两年翻一番，而目前世界上90%以上的数据都是最近几年才产生的。当然，海量数据仅仅是“大数据”概念的一部分，只有具备4个“V”的特征，也就是Volume(海量)、Velocity(高速)、Variety(多样)、Value(价值)，大数据的定义才算完整，而最后一个Value(价值)，恰恰是决定大数据未来走向的关键。

大数据的发展需要三方面的必要条件：数据源、数据交易、数据产生价值的过程。近年来，社交网络的兴起、物联网的发展和移动互联网的普及，微信、微博、智能手机、电商大行其道，诞生了大量有价值的数据源，比如位置、生活信息等数据，数据源的出现奠定了大数据发展的基础。大数据时代到来的重要标志，则是大批专业级“数据买卖商”的出现，以及围绕数据交易形成的贯穿于收集、整理、分析、应用整个流程的产业链条。大数据发展的核心，则是使用户从海量的非结构化数据和半结构化数据中获得新的价值，数据价值是带动数据交易的原动力。

IBM、甲骨文、SAP近年纷纷斥巨资收购数据管理和分析公司，在这些互联网巨头的带动下，数据分析技术日渐成熟。2013年6月，爱德华·斯诺登将“棱镜”计划公之于众，“棱镜门”事件一方面说明大数据技术已经成熟，另一方面也佐证了现在阻碍大数据发展的不是技术，而是数据交易和数据价值。

大数据技术的发展促进了云计算的落地，云计算的部署完成又反过来加大了市场对数据创造价值的期待。大数据概念提出之后，市场终于看到了云计算的获利方向，云计算市场仿佛在一夜之间爆发，在过去一两年间几乎已经被国内大方案商、大集成商瓜分殆尽——各地的一级系统集成商与当地政府合作，建云数据中心，建智慧城市；各大行业的巨头们在搭建各自行业的混合云标准，搭建行业云平台；公有云也来了，各大IT巨头想尽办法申请中国的公有云牌照。云计算从概念到落地用了5年时间，最终促成这一切的就是大数据，或者说是市场对数据价值的期待。借助于国内智慧城市概念的大规模普及，云计算基础设施已基本准备就绪，一方面具备了大数据应用的硬件基础，另一方面迫于回收云计算投资的压力，市场急需应用部署，大数据恰如雪中送炭，被市场寄予厚望。

现在，一切的矛头都指向了“数据如何创造价值”。

大数据服务创业公司Connotate对800多名商业和IT主管进行了调

查。结果显示，60%受调查者称“目前就说这些大数据投资项目肯定能够带来良好回报尚为时过早”。之所以如此，是由于当前大数据缺乏必需的开放性：数据掌握在不同的部门和企业手中，而这些部门和企业并不愿意分享数据。大数据通过研究数据的相关性来发现客观规律，这依赖于数据的真实性和广泛性，数据如何做到共享和开放，这是当前大数据发展的软肋和需要解决的大问题。

2012年美国大选奥巴马因数据整合而受益。在奥巴马的竞选团队中有一个神秘的数据挖掘团队，他们通过对海量数据进行挖掘；帮助奥巴马筹集到10亿美元资金；他们通过数据挖掘使竞选广告投放效率提升了14%；他们通过制作摇摆州选民的详细模型，每晚实施6.6万次模拟选举，推算奥巴马在摇摆州的胜率，并以此来指导资源分配。这个数据挖掘团队，对奥巴马成功连任功不可没。奥巴马竞选团队相比罗姆尼竞选团队最有优势的地方就是对大数据的整合。奥巴马的数据挖掘团队也意识到这个全世界共同的问题：数据分散在过多的数据库中。因此，在前18个月，奥巴马竞选团队就创建了一个单一的庞大数据系统，可以将来自民意调查者、捐资者、现场工作人员、消费者数据库、社交媒体，以及“摇摆州”主要的民主党投票人的信息整合在一起。这个整合后的巨大数据库不仅能告诉竞选团队如何发现选民并获得他们的注意，还帮助数据处理团队预测哪些类型的人有可能被某种特定的事情所说服。正如竞选总指挥吉姆·梅西纳所说，在整个竞选活中，没有数据做支撑的假设很少存在。

2012年3月，美国奥巴马政府宣布投资2亿美元启动“大数据研究和发展计划”，将大数据研究上升为国家意志，对大数据的整合带来深远影响。一个国家拥有数据的规模和运用数据的能力将成为综合国力的重要组成部分。国内智慧城市的建设目标之一就是实现数据的集中共享。

随着云计算、大数据技术和相关商业环境的不断成熟，越来越多的“软件开发者”正在利用跨行业的大数据平台，打造创新价值的大数据应用，而且这一门槛正在不断降低。因为首先，数据拥有者乐于做这样的事情，他们能够以微乎其微的成本获取额外的收入，提高利润水平；其次，大数据设备厂商乐于做这样的事情，因为厂商需要应用来吸引消费者购买设备，发展合作共赢的伙伴关系势必比单纯销售设备要有利可图，一些具有远见的厂商已经开始通过提供资金、技术支持、入股等方式来扶持这些“软件开发者”；第三，行业细分市场的数据分析应用需求在不断加大，对于整个大数据产业链来说，创新型的行业数据应用开发者必将是未来整个大数据产业链中最为活跃的部分。

在必然到来的大数据时代，有三种企业将在“大数据产业链”中处于重要地位：掌握海量有效数据的企业，有着强大数据分析能力的企业，以及创新的“软件开发者”。社交网络、移动互联网、信息化企业、电信运营商都是海量数据的制造者，Facebook公司手中掌握着8.5亿用户，淘宝注册用户超过3.7亿，腾讯的微信用户突破3亿，这些庞大用户群所提供的数据，正在等待时机释放出巨大的商业能量。可以预测，在不久的将来，Facebook、腾讯、电信运营商等海量数据持有者要么自我发展成为数据分析提供商，要么与IBM、ZTE等企业密切对接成为上下游合作企业，大数据产业链将在某个爆发点到来之际，以令人惊讶的速度成长壮大。

大数据时代，传统的随机抽样被“所有数据的汇拢”所取代，人们的思维决断模式，已可直接根据“是什么”来下结论，由于这样的结论剔除了个人情绪、心理动机、抽样精确性等因素的干扰，因此将更精确、更有预见性。不过，由于大数据过于依靠数据的汇集，一旦数据本身有问题，就很可能出现“灾难性大数据”，即因为数据本身的问题，而导致错误的预测和决策。

大数据的理论是“在稻草堆里找一根针”，而如果“所有稻草看上去都挺像那根针”呢?过多但无法辨析真伪和价值的信息和过少的信息一样，对于需要作出瞬间判断、一旦判断出错就很可能造成严重后果的情况而言，同样是一种危害。大数据理论是建立在“海量数据都是事实”的基础上，而如果数据提供者造假呢?这在大数据时代变得更有害，因为，人们无法控制数据提供者和搜集者本人的偏见与过滤。拥有最完善数据库、最先接受“大数据”理念的华尔街投行和欧美大评级机构，却每每在重大问题上判断出错，这本身就揭示了“大数据”的局限性。

不仅如此，大数据时代造就了一个数据库无所不在的世界，数据监管部门面临前所未有的压力和责任：如何避免数据泄露对国家利益、公众利益、个人隐私造成伤害?如何避免信息不对等，对弱势群体的利益构成伤害?在有效控制风险之前，也许还是让大数据继续待在“笼子”里更好一些。

大数据的经济价值已经被人们所认可，大数据的技术也已经逐渐成熟，一旦完成数据的整合和监管，大数据爆发的时代即将到来。我们现在要做的，就是选好自己的方向，为迎接大数据的到来，提前做好准备。